德清县文明办 编

公民道德建设的“德清现象”

文匯出版社

图书在版编目（CIP）数据

公民道德建设的"德清现象"/德清县文明办编.——上海：文汇出版社，2011.9

ISBN 978-7-5496-0254-4

Ⅰ.公… Ⅱ.德… Ⅲ.公民教育：社会公德教育－德清县 Ⅳ.D648.3

中国版本图书馆CIP数据核字(2011)第142518号

公民道德建设的"德清现象"

编　　者　德清县文明办
责任编辑　朱耀华
特约编辑　甫跃辉
装帧设计　张志全

出版发行　文匯出版社
　　　　　上海市威海路755号
　　　　　（邮政编码200041）

经销　全国新华书店
印刷装订　上海丽佳制版印刷有限公司
版次　2011年9月第1版
印次　2011年9月第1次印刷
开本　720×960　1/16
字数　110千
印张　15
印数　1-3000

ISBN 978-7-5496-0254-4
定价　51.00元

目 录

媒体聚焦：德清现象

“人有德行，如水至清”

张林华

道是水，德是山。智者乐水，仁者爱山。山水各有千秋，而仁智乃公民的理想境界，即使力不能及，也要心常向往之。

道德，既作为规范人们行为的准则，又代表着社会的价值取向，它引导和促进人们健康向上。只有道德力量不断持久地深入人心，“讲道德为荣，不讲道德为耻”成为广大公民的一种共识与习惯时，才会对激浊扬清、惩恶扬善产生敬畏感，内心就会产生一种正向价值的坚守、一种抗拒负面不道德的自觉，筑起一道拦阻邪念的堤坝。

“人有德行，如水至清。”德清，县如其名，自古民风淳朴，崇文尚德，文化积淀深厚。千百年来，民间流传许多脍炙人口的道德佳话，演绎为一笔宝贵的精神财富和道德力量。翻开德清历史画卷，古有沈麟士拒官重教、诗人孟郊游子吟孝等精神遗存；抗战时期有沈廷雄少年舍身换兄骨肉情谊，当今又有拉煤老人陆松芳倾囊赈灾等等凡人义举……无不是公民道德建设鲜活生动的案例。

当下，经济社会飞速发展，如何让社会风气与公民道德得到同步提升？这一课题在德清有了参照：德清不仅成功创建全国第一个公民道德教育馆，还积极探索公民道德教育新路子，“草根奖”释放民间的道德力量，催生道德血液，从而激活人们心中向善的力量，弘扬道德文化，打造和建设道德新高地，恢复道德生态，遏制道德滑坡，关注我们心灵的环境，共同培育社会良好的道德风尚。

在社会公德集体困惑、道德失范事件频发的今天，德清却不断涌现一批又一批民间道德楷模，一如既往地大书“道德文章”，从“公民道德教育馆”到辐射全县乡村的“和美乡风馆”等诸多的“德清现象”，皆以道德明镜，照亮人心，温暖百姓，弘扬社会正气，颂扬人间真善美。

在道德建设这个大课题前，德清的探索也许还是初步的，德清的答卷未必尽善尽美，但德清的努力与实践已经证明了道德文章需要人人参与、共同书写的真理！

德清现象之一：

道德力量，感天动地

浙江德清“草根奖”释放民间道德力量

2009年10月27日10时，德清县委常委、宣传部部长张林华，德清县民间设奖第一人马福建，捐肾救夫的“新德清人”封丽娟三人做客人民网强国论坛，以“人有德行，如水至清”——浙江德清“草根奖”释放民间的道德力量为题，与全国各地的网友进行了热烈而真诚的在线交流，现将有关公民道德建设、弘扬真善美、传递爱心等热门话题内容整理如下：

主持人：各位网友大家好，欢迎来到强国论坛。首先我为大家荣幸地介绍三位嘉宾。他们是，浙江省德清县县委常委、宣传部部长张林华同志。

张林华：网友朋友们，大家好。

主持人：下一位是封丽娟女士。

封丽娟：大家好。

主持人：2003年3月，封丽娟女士的爱人被检查出患有尿毒症，在生活陷入困境时，封丽娟毅然决定为丈夫捐肾，以千万分之一的概率和爱人配对成功，2005年11月23日进行手术，出院后得到了德清县各界群众的热心援助。目前，夫妻两人的身体恢复良好。

主持人：下一位是马福建先生。

马福建：大家上午好。

主持人：马先生在1997年首创孝敬父母奖，1998年创办了莫干山老年乐园，同时多次被县、市、省、全国评为敬老爱老的模范。2007年12月当选为第三届“全国十大社会公益之星”。

今天三位将会以浙江德清“草根奖”释放民间的道德力量为题与网友进行在线交流。欢迎大家积极问三位嘉宾提问题。

建立永久性的道德博物馆，弘扬良好社会风尚

网友：张部长，我从小就非常喜欢唐朝诗人孟郊的《游子吟》，也知道孟郊就是德清人，从“德清”字面上看就知道德清是一个山清水秀，而且很美丽的地方。

主持人：请张部长首先给我们介绍一下德清。

张林华：谢谢这位网友朋友。我首先感谢给我们三人这样一个机会和全国的网友见面，同时借此机会向大家介绍我们德清。

德清已有2000多年的历史。宋朝有位文人叫葛应龙，他写了一部书叫《左顾亭记》，里面有一句话，“县因溪而尚其清，溪因人而增其美，故号德清”，同时又有一句话叫“人有德行，如水至清”，就是说一个人有道德，就好像非常清洁的水一样，我们德清的县名就是这样得来的。

德清处在浙北地区，在杭州的北面。过去有一句话叫“上有天堂，下有苏杭”，德清在天堂的中央，因为我们就在苏杭之间，北面和太湖相望，南面就是杭州。天堂中间，德清风光。德清有936平方公里，有43万人口，人口不算多。建国60年来，特别是改革开放

30年中，德清经济、社会各方面的发展仰仗党中央的好政策，仰仗德清人民的努力，各方面发展非常快，同时也很健康。我们曾经九次进入全国综合实力的百强县，最好的名次是39位，这是很不容易的，您知道，全国有2800多个县，我们名列百强县，同时又是国家级生态县、全国文明县城、全国科技强县等等，我们得到了一系列荣誉称号。

德清环境非常优美，我们有一个国家级的风景名胜区莫干山，山上有200多幢老别墅，号称避暑圣地，又有建筑博物馆之誉，人文历史非常深厚。同时我们开发了下渚湖湿地风景区，现在也已经被评为国家级的湿地公园，流域面积36平方公里，号称江南最大的一块湿地，风景也是很优美的。还有就是德清的文化积淀也非常深厚，因为我们这个地方属于“鱼米之乡”、“丝绸之府”，同时又是一个文化之邦，历史上就有崇文重教的传统。我们也出了一些文化名人，比如南朝的沈约、唐朝的孟郊，特别是孟郊名气非常大，如他的《游子吟》：“慈母手中线，游子身上衣。临行密密缝，意恐迟迟归。谁言寸草心，报得三春晖。”所以我们又称为“孟郊故里”。还有当代的红学家俞平伯等。

总之，德清是一个经济比较富裕，老百姓生活比较富足，同时，生态保护得比较好，文化又很深厚的这么一个地方，欢迎各位网友有机会都到德清走走。

主持人：有位网友说，听了张部长的介绍，再看到德清的图片，大家也觉得仿佛从图片中就闻到了氧离子的气息。我印象很深，刚才张部长说了这样一句话，人有德行，如水至清。说到道德教育，我们德清县也是做得非常棒，而且我们在很多媒体上也看到德清公民道德教育馆的报道文章，给我们介绍一下。

德清县公民道德教育馆

张林华：德清公民道德教育馆，我们已经建成了，21日已经面向社会开放了。社会反响还是非常强烈的。我们这个公民道德教育馆就是把德清境内的，这几年来涌现出来的普通公民当中的好人好事，特别是道德模范，把他们的事迹用图片、实物等方式集中展示出来，主要是要向广大市民，特别是青少年进行教育。我们的宗旨就是通过建立这样一个永久性的道德馆，让全社会能够接受公民道德教育，在全社会弘扬一种良好的社会风尚。希望您有空去看看。

这几年我们德清涌现了一大批的平民中的道德典型、道德先进，出现了一些很好的现象。这是我们非常欣慰的。全国各大媒体给予了非常关注，今天和我同来的马先生、封女士，他们就是其中优秀人物的代表。

简单为大家介绍一下马福建先生，马先生就是一个普通的农民，做一点小生意，他在我们县里拿出自己的零用钱，率先设立了一个“孝子奖”，奖励那些在农村孝顺父母的人。1997年设的奖，到现在为止已经十多年了，已经奖励了一批又一批。一开始他设奖的时候初衷是奖励他自己村里的年轻人，后来，延伸到全县，整个县里的年轻人孝顺的他都奖。去年奖到了四川青川。在他的带动下，现在我们全县已经有22个这样的奖项，就是普通老百姓出钱，奖励普通老百姓当中的好人好事，这样的奖项有22个，例如“见义勇为奖”、“外来人员风尚奖”、“非遗保护传承奖”等等，听听这些奖项的名称，就知道这是奖励普通老百姓的“草根奖”。

封女士也是很了不起，她虽然不是德清人，但是目前在德清工作，是我们“新德清人”。她的所作所为可以说也为我们德清增光添彩，同时德清人也给予了她关心、帮助。所以，应该说也是相辅相成的。她丰富了我们德清的道德建设内容，同时，我们也为封丽娟的义举喝彩，德清的民风也为她创造了条件。我们是全国首个以我们身边的榜样为对象建立的公民道德教育馆的地方。

主持人：有一位女网友问封女士，当时是怎么样下定决心做这个决定的？有没有一些犹豫？

封丽娟：说到以前，是一种深深的家庭责任感，让我下定这个决心。当然，我和我爱人感情确实特别好。而且我们一家人，包括我和我公公、婆婆，还有孩子，一家人之间感情一直非常好。如果我不救他，我可能会后悔一辈子。我当时也考虑过很多，如果我救他的话，也许若干年以后的某一天，家庭不和睦了，我可能会后悔，但是我当时不救他，我当时就会后悔。所以我下决心救了我爱人，同时也救了我自己，也救了我们全家。

主持人：丽娟姐说这句话也让我们从心里特别感动。

还有一位网友问道，当最后手术非常成功的时候，一家三口在一起的时候，那时候是什么样的心情？

封丽娟：特别激动。感觉又重新活过来了。当我爱人查出来有尿毒症的时候，不仅仅是我爱人，可能病痛是在他的身上，但是我自己也觉得我们的世界一下子全都倒塌了，觉得生活一点希望都没有了，我们孩子还那么小，当时只有一周岁。两年多时间我们四处借医疗费，这个医疗费借来以后，我们也不知道手术到底能不能成功。当手术真的成功了，一家人真的团聚在一起，我觉得生活全都向我展开了笑脸，一切全都有希望了。

主持人：我觉得也是这份爱感动了我们。

还有一位网友说，当我们看到这件事情的时候都特别敬佩丽娟姐，大家觉得现在有一些感情都会很脆弱，都说久病床前无爱妻、无孝子，所以您的这个事迹大家都特别感动。您爱人在病情康复的过程中，有没有一些小细节反而是他特别打动您的地方？

封丽娟：我在家里的时候，父母对我一直都是很好。但是在我12岁的时候，我妈妈和爸爸到外面打工，去得很远，到了新疆。当时我年龄比较小，我和我弟弟由我爷爷奶奶，还有我的叔叔、大伯带大。虽然爷爷奶奶也是亲人，但是终究不像自己父母在身边一样，我觉得父爱和母爱是不可缺乏的。我第一次到我爱人家里去，他们的家庭气氛特别融洽。当时我爱人都已经24岁了，说出来可能感觉不可思议，他妈妈竟然把洗脚水都端到床前，我当时真的觉得那么不可思议，但是他们做得那么自然，没有什么特殊的，让我特别感动。当然，我爱人对我公公婆婆也是一样的，他们之间相处得那么融洽。对别人来说，可能家庭都是这样的。但是对我来说，这是很罕见的，但同时让我感觉特别幸福，我希望能融入这个家庭，成为其中的一员。

当我爱人生病以后，我想到，如果没有我爱人的话，这样的一个家庭，家庭之间这样一份融洽的气氛以后永远都不在了，这确确实实会成为一份永久的遗憾，我必须把这么一个温暖的家庭维持下去。

主持人：由一点点小小的爱情变成很浓厚的亲情，这是大爱。

“老人的今天就是我的明天，善待老人就是善待自己”

主持人：我们常说榜样的力量是无穷的，但是大家都很少自己去做榜样，所以能出来做榜样的人真的特别让我们敬仰。马福建大哥怎么想到首先设立一个孝敬父母奖来鼓励村民和老百姓孝敬自己的父母呢？

马福建：其实很简单。我是一个普通农民，老人的今天就是我的明天，善待老人就是善待自己。一个家庭是一个社会的细胞，家庭和睦了，社会就和谐了。当时我在农贸市场做生意，我来自农村，一家一户很简单的，但是农村人的习惯，当父母老了以后，他们都分家，一般来说，父亲和大儿子过，母亲和小儿子过，中间的儿子一般是父母不和他过的，过年的时候就拿钱给父母。当时我们农村一个老人的晚年生活只有靠子女，子女每月给他们200斤稻谷，大米的话是160斤，还有一个月两块钱生活费，一年就是24块生活费，这是作为儿女要给父母的。但是过年的时候，有的子女没给，兄弟姐妹之间就不肯罢休，所以就吵闹，为什么呢？那个子女认为，你跟他过，我干吗要给你呢？就产生矛盾。有些通过村民委员会调解，弄不好，再通过司法办调解。这就是我看到的老人到了晚年以后，一些不孝顺的子女。

我是一个农民，在菜市场卖鱼，看到有一个老人走来走去，看见鱼，就问多少钱一斤，什么价格。当时小黄鱼就是一两块钱一斤，但是他没有钱买，走了。过两天他又过来，我就问他，老爷爷你有没有钱，他说他没钱，我就送了他两条鱼，老人家当时很感动。

还有一个故事，当时农村一户人家，两个女儿，一个女儿是招女婿的，一个女儿是出门的。有一个母亲，老伴没了，年纪不是很大，70多岁，家里就因为她吵架，住在家里的女儿说这个老太太没有什么财产留给我，说了一些伤心的话，这个老太太就去另外一个女儿家去住了。因为另一个女儿是嫁出去的，住了几天以后，她说我是出门的，嫁出的女儿泼出去的水。老太太心里难过，搬来搬去，最后上吊自尽了。

这些事令人很伤心，而且就发生在我们身边。自那以后我就想，你不好，我不能说你怎么样，我没有资格说哪个家哪个子女好不好。但那时候我有点钱，我在村里面设立一个奖项，奖励一些邻里关系好的、孝敬父母的村民。当时和我爱人商量以后，就拿出1万块钱设立一个孝敬父母奖。

主持人：当时您爱人支持您吗？

马福建：她当时也不支持，后来我讲了道理以后，她也觉得这是一件好事情。我说，一个人有点钱了，富了，为社会做点事情，而且做点积德的事情，那是好事情。当时，我爱人也赞同我在自己村里设了一个“孝敬父母奖”。设这个奖的目的就是奖励一些好人，我当时是想用正气压倒邪气。

张林华：这个头儿开得非常好。1996年开始设了这个奖以后，我不排除人们可能有这样那样的非议，但是社会群体的极大部分人肯定是认可这个事情的，认为这是做了一件好事情，对我们社会风气是有好处的。在这同时，政府也做了一些宣传倡导的工作，然后才有人学着他的样子，设了各种各样的奖项，到今天已经有20几个奖项。媒体把这些奖项称为“草根奖”。因为是老百姓出钱奖励老百姓的，标准的“草根奖”，不是政府奖。设奖的这些人，比如马先生，就是一个普通农民，我们还有一些机关干部、普通警察，甚至有外来打工人员，在我们德清辛勤劳动以后，有了一点收入，也设奖。所以，是一个很标准的非常可贵的“草根奖”，它的意义也在这里，我觉得是非常可贵的。

“草根奖”来自民间，自愿、自发设立的奖项

主持人：张部长，现在德清县一共有多少“草根奖”？

张林华：到今年为止一共有22个。几乎每年都有这样的人物站出来设这样的奖项。作为县委工作人员，特别是主管这一块工作的，我感到特别欣慰的。上次媒体采访我，我也是讲这个观点。人家问一个问题：为什么这样的奖项不是设在我们浙江经济特别发达的地方，而是在我们这样一个地方，有没有什么原因？

主持人：大家都会很好奇。

张林华：我觉得首先我们这个地方的民风很纯朴，有这样一个文化的积淀，大家崇文重教、与人为善、心地善良，有这样比较好的乡风，这样的背景下面，才可能设立这样的奖项。

比如老马设这么一个奖项，假如他从1996年设这个奖项的时候，他的家人、他的亲戚、朋友、邻居，大家一天到晚讽刺打击他，他今年设了奖，明年就不想弄了，完全可能出现这种情况。如果是这样的风气，他设了这个奖，我也好，封丽娟也好，比如主持人也好，我们其他人就不会跟着他，看到他这个遭遇，他设奖，每天被人讽刺、打击、挖苦，一定不会发展到今天22个奖。这一定是建立在社会主流民意普遍支持的基础上，大家觉得这是一个善事，大家要学着做，这很能够说明我们德清的民风是相当好的，所以才涌现了很多这样的好人好事、道德先进，政府也认可，老百姓也认可。

主持人：有一位网友提出了这样一个问题：民间设奖毕竟是群众自发的一种行为，作为县委县政府，它在这个过程中应该扮演什么样的角色？同时还有一位现场的网友问道：民间设奖有没有一个门槛？或者政府部门有没有一个设定？

张林华：有。这位网友的问题问得非常好。这也是我经常在思考的问题。这些奖项我们称之为“草根奖”，就是全部来自于民间，他们自发的，完全是自愿、自发设立的奖项。在这中间，奖项的设置过程当中，政府有什么作为呢？政府并不是一无所为的，并不是任由它发展，或者任由它消亡。我觉得我们政府部门主要是做两件事情：一件事情就是宣传倡导，第二件事情就是加以规范。

首先宣传倡导，这个意义很好理解，在全社会宣扬他们设奖的宗旨、行为、思想，宣传他们这种事件，鼓励他们设这个奖。比如他设一个奖，他奖励十个人，这十个人还有家人，通过一个人影响十个人，十个人影响一百个人，一百个人影响一千个人，最终使我们整个民风的社会道德好起来。

其次就是规范。比如老马设“孝敬父母奖”，开始的初衷是奖励他村里的孝敬父母的一些年轻人，他在这个村里生活，这个村里哪几个年轻人孝敬父母，他是非常清楚的，他今年奖这几个人，明年奖那几个人，四届奖下来，村里的“孝子们”几乎都奖到了，而且整个村里的风气变得很好了，孝敬父母真的成为大家的共识了。在这种情况下，他就想到要把这个颁奖的对象扩展到全县了。这样就不在老马的视线范围之内了，全县其他地方哪些年轻人孝敬父母，他就不知道，这里面就需要政府部门参与，我们给他成立一个遴选的班子，就是候选人的机制，同时在我们的报纸上公示。这些事情只靠他一个人是做不成的，但是奖项还是“马福建孝敬父母奖”，我们积极做了大量的服务性的、配合性的工作。

其实，设奖也要按照规范来做，你不能随心所欲，我拿几万块钱设一个奖，不能说我想奖给谁就奖给谁，你的奖项要有公信力，虽然是你个人出钱，但是要让大家信服，你奖的对象是按照公平公正的原则去奖。我们政府倡导、政府协调成立一个民间设奖协会，22个奖项所有设奖人大家坐下来成立一个协会，制定协会章程，确定设奖的程序如何操作，如果我设了这个奖，过十年才颁奖，就失去它的实际意义了。所以我们协会里面规定，最少两年颁一次奖，大部分都是一年颁一次。这样的话，能够更多地奖励一些人，更多地通过奖励者影响带动周边的人，使我们的风气好起来，这就是政府该做的事情。包括在媒体上宣传，比如我们建道德教育馆，也是这样的目的，就是宣传他们的事迹，在整个社会倡导好风尚。

主持人：我们被这些奖项感动的同时，县委县政府围绕这些做了大量的、非常细致的辅助工作。

网友：封丽娟女士，祝愿你们的生活能够越来越美好。同时也非常关心你现在的工作情况怎么样，是否可以正常工作?

封丽娟：首先感谢这位朋友的关心。到现在为止，我和我爱人恢复情况都很好，我们在2006年5月份就已经开始上班了。我自从出院那天开始就已经不用再服药了，但是我捐给我爱人的这个肾因为不是他本身的，所以会有一个抗排斥的过程，比较漫长。一直到现在都在服用抗排斥的药。这个药是要终身服用的。但是在我这一块，我一直和正常人没什么区别。

“做老年事业是要有一颗爱心”

主持人：我们知道经常照顾老人的其实比照顾小孩的人更辛苦，因为有一个统计，经常照顾老人的人患忧郁症的机会多一些，很多网友说能做到这一点特别不容易。网友“西楚女”问福建大哥：您在和老年人在一块相处的时候，有没有遇到一些困难，比如您本来是为他好，但是他不是特别理解的地方？

马福建：谢谢各位网友的理解。说心里话，我自从设立了“孝子奖”以后，在1998年设立了敬老院，是民办的养老院。到现在已经12年了，当初开始的时候只有三个老人，到现在入住137个老人，而且大都是些高龄老人，有痴呆老人、偏瘫老人，还有小的弱智儿童，就是以弱智群体为主。说心里话，做这个事情是很烦的，压力也很大。但是，我觉得能够为老人做点事，他们看见我说马院长来了，马老板来了，我很高兴。当然碰到难题也很多，有些子女不理解，有些子女将老人放到这里以后就不来看了。

我举一个例子，一个87岁的老奶奶，他儿子故世了，家里没有人了，只有一个孙子，每个月送400块钱，后来第三个月不来了，整整一年不来，打电话让他来，只嘴上说来。这个老人哭着说，孙子你来看看我，他还是没来看。不孝的子女也是有的。

我跟她说，老奶奶你放心好了，你在我这里我会赡养你的。从办乐园开始到现在，去世的老人有120多人。今天早上一早打个电话过来，昨天晚上很好的一个86岁的老人家早上去了。做老年事业是要有一颗爱心。

社会、政府对我也比较关心，从全国来说，民办的县一级的养老院是可以作为的，政府现在也很支持，很多重要领导亲自来乐园视察。

主持人：昨天正好是重阳节。

马福建：前天来了很多学生、很多领导，很多志愿者都来看望老人。老人家都很高兴，还有人教老人唱歌、跳舞。

主持人：有一位网友问张部长：您觉得释放民间道德在您的工作中有没有遇到什么阻碍？

张林华：这么多年做这个工作，我觉得这个工作在做的过程中没有什么大的阻碍，但是会有一些工作上的压力。马院长刚刚举的例子当中，这个群体中也有一些不够好的，像刚刚他讲的孝敬父母还不够的，孙子把奶奶送来以后，就不来看她，这种事情总是这个社会的极少数。这也正是为什么我们要倡导良好的社会风气，我们要鼓励民间设奖，这也是我们民间奖存在的意义和价值，否则，倡导这些民间奖项干什么？就是这个社会还有阴暗的部分、阴暗的角落，所以我们要做这个工作。

首先，这是政府的意志和老百姓的心愿结合得比较好的一项工作。就是政府也是有意识地引导和倡导社会风气往好的方向发展，这中间通过倡导民间设奖、通过宣传一些民间道德先进人物的方式，政府肯定是倡导这件事情的。其次，从社会的主流民意来讲，就社会群体中的极大部分来讲，都是希望自己生活的环境是人人友善待人的，就是向往这样的社会环境，整体来讲风气是非常好、文明的环境。所以我在做这个工作的过程中，我觉得没有什么大的阻力。包括我们开设道德教育馆，各方面非常支持，反响也非常好。

主持人：我们也希望咱们网友有时间也可以去领略道德馆，不仅可以看到德清很美好的自然环境，同时也是一次精神的洗礼。

我们有一位网友叫做“杨再昌”，他问丽娟姐，假如当时配对不成功的话，您会后悔吗？

封丽娟：这个问题比较难回答一点。如果配对不成功的话，就不会有后面的手术，自然也谈不上后悔还是不后悔。如果说真的配对不成功的话，我只能说感到更加绝望。当我下了这个决心的时候，我就只有一个希望，希望苍天能给我这么一个机会，让我和我爱人配对能够成功，因为那是我们最后的一个机会、唯一的一个机会。如果真的配对不成功，我爱人连一条活路都没得走了。

主持人：还有一位网友问道：进行一系列手术的过程中，身体上是要经受很多考验的，除了您身边的亲人朋友给自己鼓励以外，自己有没有给自己打气？

封丽娟：有。我一直在给自己打气。没有做出决定之前，我想一想，感觉做手术这件事情多么可怕，但是在下定决心的那一刻已经一点恐惧和害怕的心理全都没有了。包括我们上手术台之前，做手术之前有一个家属签字，就是可能有很多意外的后果，必须要家属签字，我爱人的协议是我来签的，我自己的这份也是由我自己来签的，当时签的时候，我的手一点都没有发抖，很多人签字的时候都是很担心、很恐惧的，手都是颤颤抖抖地签下来的。一直到上了手术台，用麻醉药之前，当时护士长还在问我害怕不害怕，我说我不害怕，在我做决定的那一刻，所有的害怕、恐惧全都没有了，只有这么一个心思，赶紧把我的这颗肾移给我老公，让他能够健康起来。

主持人：通过丽娟姐回答这个问题，我们不仅仅被您的话感动，也让人有很大的震撼。其实最后说服自己的还是自己。

张林华：我们聊天的时候也说，他们夫妻俩太有缘份了，夫妻之间配对是千万分之一的概率，被他们配上了，这多不容易啊。

封丽娟：现在一千万对夫妻里面只有这么一对成功。但是很幸运，我们就是这么其中的一对。

“身边的老百姓奖老百姓比政府的奖项在某些方面要有意义”

主持人：还有一位网友问福建大哥：您对民间设奖的初衷和期盼是什么？您在心里希望“草根奖”和“政府奖”能够合二为一，使慈善的力量更壮大吗？

马福建：“草根奖”和“政府奖”在有些方面是有区别的，我觉得身边的老百姓奖老百姓比政府的奖项在某些方面要有意义。首先，设奖人本身的思想、道德，在老百姓当中要有好的印象，如果我马福建对自己的父母都不敬不孝，对自己的兄弟姐妹不好，我怎么设这个奖？那会被人家臭骂死的。我设了这个奖以后，我们德清县能够在这十几年中产生22个奖项，我觉得很自豪。我觉得我做的这个事情能够得到社会、政府、老百姓的认可。

当时我设这个奖的时候，当地老百姓反响很大，有的说马福建你有几块钱想出风头，说马福建想作秀。通过第一次评选以后，特别是通过媒体的报道，我记得那是1996年的时候，在上柏镇颁发“孝敬父母奖”，当时邀请了镇上的妇联主任、团委书记，包括评选出来的几对孝敬父母的获奖者。新华社有一个报道以后，一夜之间全国400多家媒体进行了报道，社会的反响很大。

张林华：刚才他说了非常重要的一点，设奖人本身的行为规范、公信力、社会影响力应该是很正的，有一定的道德影响。这样你设的奖项人家才信服，人家也愿意申报你这个奖项，也愿意领你这个奖项。就像他刚才说的，如果他自己这块工作都做不好，纯粹是出于某种功利目的的话，人家不愿意领你这个奖，人家以不领你这个奖为荣，反之为耻。

政府在这中间也不是无所作为的，除了宣传、倡导、规范以

中共浙江省委常委、宣传部长茅临生（右二）视察德清公民道德教育馆

外，还要通过政府的渠道对弱势群体给予帮助，表彰先进。每年从政府渠道评选劳动模范、先进党员，同时通过民政社会救济等等，顾及弱势群体，实际上政府也在别的渠道做，至于能不能两者合起来，我觉得两者之间有不同的路径，同时又有不同的效应。

主持人：还有一位网友问张部长：您如何评价德清“草根奖”在构建和谐社会、弘扬正义与道德方面所起的非常好的积极作用？

张林华：这个问题比较大。我觉得他们起到一个很好的标杆作用。首先设奖人从自身做起，他自己做好了，他自己如果做不好，就没有信服力，自己做好了，同时愿意通过设奖影响周边的人。老马设了这个奖以后，到现在已经颁过六届奖了，受奖对象有50人，实际上是50户家庭，他们还有一些亲朋好友，影响周边的人，通过这样一个放大效应，一个人影响十个人，十个人影响一百个人，首先它是一个标杆作用。

同时引领整个社会的良好风尚，大家以此为荣。所以，老马和封丽娟在德清都是风云人物，大家都知道他们两个，对他们非常认可，我们还有一批这样的道德明星。

因为时间关系，否则我可以详细介绍我们的道德明星。比如中央文明委和中宣部在全国范围内评选道德模范，已经评过两届了，我们德清是两届都有人被提名。评一次就评300位左右（包括获奖和提名的），全国2800多个县，9个县才轮到一个，两届都被提名的，全国是绝无仅有的，但是我们两届都有人，第一届是评了我们县的一名妇女钱素春，她曾经多次跳到河里救人，最感人的一次是她有几个月身孕的时候下河救人，还有一次她冬天跳河救人，当然她水性比较好。

还有这一届刚刚在北京颁奖的，一个名叫陆松芳的老人。去年汶川大地震，他捐出一万一千块钱，这不是一个大数字，对很多老板来讲，一万一千块钱算什么，很小的一个数字，但是对他来讲相当不容易。为什么？他今年已经79岁了，他就是以拉煤饼为业，从煤饼厂给单位、家庭送煤饼，他就是一块一块积攒下来的。去年他拿了这些钱去捐，一千块钱是现金，还有一万块钱是存折，居委会的同志跟他讲，一千块钱我们收了，一万块存折你拿回去，我们知道你也不容易，你已经79岁了，你还要养老。他不肯，一定要捐，结果把这个钱从银行里面取出来，再捐掉。

这个老人是非常纯朴的，我多次看望他，代表政府慰问过他，后来他几次跟我讲，张部长，你能不能跟媒体说，不要宣传我，我做的这些事情很平常，就像我们俩坐在一起，他说，你没有饭吃了，我有饭吃，我肯定分一点给你，就这么简单的道理。今年他荣获“全国道德模范提名奖”，要到北京来领奖，怎么也不肯来，提前通知他，还是不肯来，为什么？他的理由就一条，他说我要到北京去一趟，要花国家多少钱，要坐飞机、住宾馆，这个钱花得太冤枉了，我不去。我跟他讲，总书记要接见他的，上一次也是说总书记要接见的，他才肯来。

上一次，东方卫视评选“2008十大真情人物”，他也评上了，奖励他一万块钱奖金，死活不肯收这一万块钱，到现在这个钱还由居委会给他存放着。我们跟他讲，这一万块钱你可以收下，你再去资助别人或者奖励别人，他说那不行，这不是我的钱，这个意义不一样，我要资助人家、奖励人家，我自己出钱，我通过劳动所得出钱。就这么一个很可爱、很纯朴的老人。并不是说社会对他不重视，并不是他的子女不孝顺，他就觉得，我现在还有能力，还能够劳动，身体还好，我就拉煤饼，尽量减少对社会、对家庭的依赖，靠自己劳动生存。

主持人：拉煤饼也很辛苦。

张林华：是很辛苦。但是他觉得自己每天都在劳动中，很开心。就是生活得非常真实、非常率性，同时又很自然，真的是很不容易。我多次劝过他，我们县里的领导也多次去看他，希望他安度晚年，应该享享福了。包括我们有一家企业，去年了解了他的事迹以后，就想聘他为名誉职工，就是发给他工资，他不接受，他说不劳而获的事情我不做。他说我劳动很开心的，你不要把我看成一种负担，我劳动很开心的，这个老人多可爱、多可贵。

在全社会营造良好的社会风气，“做一个有道德的人”

主持人：非常率真，很可爱，让我们敬仰的老人。我们也想通过张部长了解一下，德清县下一步在精神文明建设方面还有哪些创新举措？

张林华：我们现在也在不断地思考下一步的举措，特别是创新的举措，确实也比较难。因为公民道德建设，倡导社会的良好风尚，这是一项长期的工作，难度也非常大。我觉得，我们整个社会层面行之有效的、大家都能够接受的又有影响力的举措还是比较欠缺的。社会正在飞速发展，经济在飞速发展，能不能够让社会风气、公民道德同步提升，这实际上是一个很重大的课题。我认为，伴随着经济发展，我们的社会风气、我们的道德水平是提升了还是下降了这是很难说的。我们主要是立足于我们德清的实际，从我们这个地方，经济发展比较快，民风比较纯朴，文化积淀比较深厚的实际出发，我们主要宣传、倡导、弘扬道德模范的精神，同时通过他们的言行来影响周边的人。

下一步我们设想，要努力在全社会营造一种良好的社会风气，主题就是“做一个有道德的人”。毛主席说过，一个人做点好事并不难，难的是一辈子做好事。同时他还特别强调一点：要做一个有道德的人，做一个纯粹的人，做一个脱离了低级趣味的人。你看似一个很平常的标准，但是做到都很难的，尤其是做一个很纯粹的人，脱离了低级趣味，脱离了功利思想，能够心地善良、与人为善、见义勇为、乐善好施。为了倡导这种风气，我们借助继续倡导公民道德奖，发挥道德馆的作用，培育先进人物，在青少年中组织一系列活动等等方式来做好这一块工作。

主持人：这让我们非常期待。我们有一位网友说得很好，今天不仅让我结识了非常山清水秀很美丽的地方，也让我们看到了有奉献的人生才是最美好的人生。最后请三位嘉宾再和网友说几句话。

张林华：德清确实是山清水秀的地方。我们九次入围百强县，人均GDP已经超过7000美元。同时我们也有很好的山水资源，还有国家级的风景名胜区莫干山，也有著名的江南古镇，也有江南最大的湿地下渚湖。欢迎各地的网友能实地到我们德清去看看，感受一下我们的青山绿水，同时也感受我们的民间道德力量，参观我们的道德教育馆，给我们德清以支持、关注、帮助。

封丽娟：首先我非常诚心地感谢一直帮助过我们的人，从一开始一直到现在，不仅在德清，在浙江、在全国，都有很多人帮助过我们，我们一步一步地走过来，我心里面一直是非常感激，我最想表达的心愿就是感恩社会，感恩德清，感谢这么多关心我们的人。今天坐在这里，我感到很幸运，我希望通过今天这个论坛，能够把这个爱心的接力棒一棒一棒地传下去。

主持人：我们非常感谢的人是您，您让我们感受到了那么多的善良和爱。

少先队员向道德模范献花

马福建：谢谢各位网友，老人的今天就是我们的明天，善待老人就是善待自己。看看旁边你的朋友，如果他连自己的父母都不敬不孝，与他的兄弟姐妹都不和睦的人，你尽量不要和他作伴。谢谢。

主持人：谢谢三位嘉宾。还有最后一个问题，如果我们要去德清的话，张部长给我们推荐几个一定要去的好玩的地方。

张林华：我刚才说了德清的名山、湿地、古镇，还有道德馆，我觉得德清整个县就是一个景点，为什么这么说呢？因为这个地方山清水秀，交通便捷，同时，民风很纯朴，社会治安在浙江省也是名列前茅的，公众对于社会治安的满意度是浙江省最高的几个县之一。这样一个好的地方，就是一个优美的景点。希望大家能够到德清来，住下来，慢慢地感受、品味。

主持人：谢谢三位嘉宾，也希望我们网友朋友把更多的目光投向德清。感谢大家的收看。再见！

陆松芳，感动中国的“拉煤老人”

一位年近八旬，普普通通的“德清拉煤老人”陆松芳缘何感动中国？继当选“2008年度十大真情人物”后，2009年12月又获得第二届“全国道德模范提名奖”荣誉。老人身上所散发的特立独行的人格魅力，那种中国民间小人物与生俱来“乐于助人”的大情怀，义薄云天，菩萨心肠，无不让人心灵震撼！

陆松芳，一个感动中国的名字

当你上互联网在百度搜索“陆松芳”名字，便有10000余条相关的网页信息。在家乡德清，他早已是家喻户晓的道德楷模。在华夏大江南北，陆松芳闻讯汶川大地震后毫不犹豫地一次性捐出11000元的义举也为人们所津津乐道。

“一位靠送煤饼生活的老人竟然捐了11000元，看完电视后，我热泪盈眶。一位年过70的老人要捐11000元，要拉多少煤，来回走多少路啊!要拉多重的煤啊!老人，每天拉3车煤，他拉一车煤最多也就是赚16元，每天赚48元，老人捐出的11000元即使一分钱不花，也要风雨无阻229天才能够赚够。意味着老人已经从我们这儿（广东韶关）拉煤到北京回拉走了6趟，相当于老人已经拉煤绕地球走了两圈！意味着老人已经拉了差不多28车载重10吨大卡车的煤!我的心灵受到了深深的震撼，我仿佛看见了老人弯着腰满街去卖煤的情景，泪水模糊了我的双眼。

“11000元，274800公斤，这些数字让我读出了老人沉甸甸的爱心，让我品味到了老人高贵善良的品德，我由衷赞叹老人当之无愧感动中国的人物!”

以上这段文字出自广东韶关一位小学生之手，文章的标题是

《震撼·感动——读感动中国的老人陆松芳》。

2008年5月14日早上，四川汶川大地震后第三日，德清县新市镇南昌社区办事处走来了一位有些佝偻的老人，他掏出了1000元现金和5张共计10000元的银行存折，表示要捐献给四川汶川受灾群众。这位78岁老人陆松芳，平时以拉煤饼为生，收入微薄。拉煤饼老人捐出了1.1万元在新市引起了轰动，街谈巷议，一传十、十传百，一时传为美谈。浙江教育科技频道摄像师用特写拍摄手法，记录了陆松芳老人拉着板车来到镇上捐款点，掏出现金和存折，递给工作人

陆松芳

员……这些细节虽然是“无声镜头”，但却真实传达了一种深深的情意。画面中，记者介绍老人所捐的这些钱要卖掉50余万斤煤饼才能挣到。其家十分简陋，5平方米的小屋里，电灯是他唯一的电器。镜头拍摄了陆松芳老人日常生活实景,捕捉了一些生活细节，恰恰如实反映了陆松芳老人生活俭朴和对自己的吝啬，真实可信，画面生动感人。让我们梳理一下陆松芳老人的过往岁月，全面了解他为人处事的点点滴滴。

20年来省吃俭用

陆松芳是德清县新市厚皋村人，养育有一子一女。平日里，陆松芳老人不吸烟不喝酒，很少花钱，生活过得十分简朴。每天清晨醒来，用前一天剩在脸盆里的小半盆水洗脸，然后掀开床边矮桌上的一个纱饭罩，取出一碗剩饭，用热水泡一下当早饭。常常没有任何下饭的菜，就连一点儿咸菜也没有。偶尔，他才给自己买上一个3元钱的盒饭。

他住在一间五六平方米的小木屋里，月租30元。在新市镇上，这几乎是最便宜的地方。窗玻璃裂着各种破口，屋里只有床和一张看不清颜色的小矮桌。一盏10瓦的电灯，是唯一的电器。墙壁上贴着掉了色的旧挂历，很多墙皮已经开裂。一根塑料绳从墙壁连到床架上，上面挂着十几件破破的、看不出颜色的旧衣服。地上堆着十几双不同尺码和风格的旧鞋，大多是他捡回来的。

当镇上其他几个同行已经开上拖拉机或小货车卖煤饼时，陆松芳依然拉着平板车叫卖。他满头白发，身高只有1.50米。58岁那年，他从农村老家来到新市镇拉煤饼，长年的重体力劳动，使得他的身体有些佝偻。

通常，他早上六七点钟就赶到镇上最后一家煤饼厂，工友们会帮着将二三十箱煤饼装上他的平板车，每箱30斤。他冲着大伙儿点头笑笑，算是谢过。然后把车绳往右肩上一套，便开始了一天的买卖营生。

从煤饼厂走上公路，是最艰难的一段，先是大约有50米长的一段陡坡，一上公路又是一段上桥的路，约有一二百米，陆松芳不得不使尽全身力气拉着沉重的板车往上挪。每当这个时候，他的身子弯得很低，头几乎要碰到路面。有时候，工友们会帮他一把，把车推上大桥。

20年来，他的客户日渐稀少，如今只有那些路边的小吃店才会光顾他的生意。因为他卖出的煤饼最多，也因为他拉板车确实辛苦，煤饼厂卖给他的煤饼，每箱要比别人便宜一毛钱。

每一分钱都沾满了汗水

陆松芳从58岁起就在新市小镇上租房，过着清贫而简朴的生活。儿子反复劝他回家享清福，但他却坚持自食其力。平日里老人一直干着送煤的工作，送煤饼的活儿又脏又累，每百斤送到后，对方按路程远近付费2至3元。一车煤饼700多斤，老人一天下来要送上两至三趟，每天近40元的收入。不管严寒酷暑，他送煤的车从没停过，因连续20年倾身向前拉板车，老人的背也因长年劳累而佝偻。他每天都在一家竹木制品厂里蒸午饭，素食为主，不太舍得吃荤菜。虽然收入微薄，老人却把省吃俭用积蓄下来的钱，几乎都用来帮助别人。下大雪时，他掏钱买来一把把铁铲，分送给街坊邻居，让大家出门铲雪；邻居两口子为一张50元的钞票是真是假而吵嘴，他掏出钱换过来说：“这是真钱！”社区建设公益设施，他主动捐款；当他听到四川发生地震的消息后，更是慷慨解囊拿出全部积蓄1.1万元，捐给灾区。这一幕真的感人肺腑。

那天，陆松芳给人送煤饼时，在电视荧屏上看到四川汶川大地震的实况，他的心马上被揪起来了。“罪过啊，这么大的灾难，死了那么多人，看到后来我都看不下去了，还有那些正在读书的小把戏（孩子），就这么被压在那里了。”陆松芳说。

第二天上午，在拉煤饼的间隙，陆松芳特地来到了新市镇南昌社区办事处，表达了要为四川灾区捐款的愿望。他说：“我看见地震中那些受灾的人，他们都是我们中国人，我们都好比是哥哥、兄弟。现在这个兄弟出事了，没有饭吃了，而我这个哥哥身边还多一碗饭，我是不是该把这碗多出来的饭给他吃呢？”当他听工作人员说“今天一天我们都在这里”时，陆松芳的心就踏实了。

“哦，那我一会儿再来。”他说。

下午，陆松芳果真又来了。他掏出1000元现金和5张共计10000元的存折，先将现金捐了，接着拿出身份证，连同存折一起，递给社区同志翟永梅，“我要卖煤饼，没时间去银行，你帮我去取出来捐掉吧。”

许多工作人员围拢过来，他们盯着陆松芳，看到这个面色赤红、白发苍苍的佝偻老头，感到惊讶。

认识陆松芳多年的翟永梅并不感到意外。今年2月初，浙江北部遭遇罕见的大雪，新市镇积雪厚达三四十厘米。陆松芳出门卖煤饼，看到往来菜市场的道路积雪严重，有老人和孩子滑倒，他找了把扫帚开始扫雪。因为积雪很厚，扫帚不太起作用，陆松芳回家取了1000元，在附近商店买了25把铁锹，然后请人写了一张告示贴在路边：“抗雪救灾人人有责，谁拿我的铁锹铲雪，这把40元的铁锹就送给谁。”他的爱心之举招来了不少行人，人们纷纷加入到义务扫雪的队伍中，30多人经过两小时的努力，把一条500米长的雪路扫得干干净净。雪灾过后，德清电视台送给陆松芳一面奖牌，上面写着“风雪中的感动”。

这一次，这5张共计10000元存折却真的让翟永梅和镇上其他干部为难。大家讨论再三，陆松芳毕竟是78岁的老人，家又在农村，没有劳保，需要留足养老钱，更何况老人已经捐出1000元，不少了。大家决定把存折退还给陆松芳。他却生气了，拿回存折和身份证，丢下一句“和你们说不清”，扭头走了。

过了一会儿，陆松芳又出现在捐款点。这一次，他直接拿出1万元现金。原来，他自己去银行取了钱。那双指缝黑黑、沾着煤屑的手，捏着那叠崭新的百元人民币，就要往捐款箱里塞。工作人员来做他的思想工作：“老人家，你不用捐这么多，要不，这钱你先留着，下回灾区重建需要时，你再捐。”

“这钱是我的，我说捐掉就捐掉。”陆松芳生气了，嗓门开始大起来，惹来更多的围观者。

有人认出他来，“这个老伯，不就是前几年给大家修凉亭的那个人吗！”“没错，我也认得的，那次修凉亭，他本来要捐1万元，后来包工头被他感动了，少收了1000元。”“哎呀，这个老伯介有爱心啊，真当看不出来。”一些围观者受了感染，也往募捐箱里塞钱。

两天后，拉煤老人捐万元巨款的新闻，出现在新市镇的新闻网站上，很快，这则新闻就传遍了全国。他被网友称为这场地震中最让人感动的人物之一。那一刻，拉煤老人感动了新市人，感动了浙江人，感动了中国。但陆松芳老人对此仍一无所知，他所关心的，

小学生追“道德明星”陆松芳签名

只是拉煤饼这件营生。

人一定要知恩图报

78年的平凡人生，因为这次大手笔捐款，变成一个热门话题。其实，这只是一个小人物朴素的、关于感恩的故事。

陆松芳很小的时候，父亲早逝。母亲缠着小脚，不能下地干活儿，也没什么收入，全靠周围邻居帮忙，“吃百家饭”才勉强把孩子拉扯大。陆松芳的弟弟也饿死了。母亲一直教育陆松芳，要回报那些曾经帮助过他们的好心人。虽然陆松芳只读过几天夜校，却对《游子吟》十分熟悉。母亲的教诲他一直记得，“报恩”成为他心上一桩搁不下的心事。

煤饼厂承包人孟建华记得，前几年春节，陆松芳都要去批发十几箱苹果，拉回老家乡下，给他所在村民小组的每家每户送一箱，感谢人家过去给他饭吃。这一送就是四五年。“他老是和我们说，现在生活条件好了，要回报人家。可他的生活，也实在很辛苦啊。”孟建华说，陆松芳平均每天要拉走三车煤饼，步行三四十公里，只能挣三四十元。

“他就好像济公。”一位女邻居评价陆松芳。在她印象里，老陆头永远穿着灰乎乎的“白衬衫”，手脚总是黑黢黢的，连鞋子也都黑黑的。虽然样子脏兮兮，“心地却好得不得了”。她记得，修新市大桥时，他捐了600元；有个村子桥塌了，他捐了1000元；1999年6月发洪水，他捐了1500元。村里修庙他也捐钱。“拉煤的时候，看到路上有香蕉皮西瓜皮，他都要捡起扔掉，看到死猫死狗，他要捡回来埋掉，啧啧，真做了不少好事呢！”

在网络上，有人怀疑陆松芳是在作秀。但认识他的人都拍胸脯打包票：老陆头绝对不会。他就是想做点善事，绝对不求回报。

听说了老陆头的事迹后，德清县县长带着鲜花和慰问金来看望老人，“你捐的这1.1万元，比有些富人捐的200万元还宝贵。”但陆松芳愣愣的，坚决不肯收慰问金，又坚持把鲜花送到社区的办公室去。有邻居悄悄捅了他一下，说：“县长可是德清最大的官了，你咋能这么不给面子啊！”

一家当地企业来联系，愿意终身奉养他，每月给他1000元。陆松芳拒绝了：“我不要别人的钱，那些钱就算给我，我也还是要捐掉。至于我，以后干不动了，会有儿子养我的。”

没人知道陆松芳什么时候会歇下来。至少现在，他还继续拉着板车叫卖煤饼，他甚至幻想着，煤饼厂能够搬到离镇上近一些的地方。但用煤饼的人越来越少，今年煤炭又涨价，镇上这家最后的小煤饼厂，正面临歇业的危险。

厚德载物，道德楷模

2008岁末，新市镇社区干部陪同78岁的拉煤老人陆松芳去上海参加“2008年度真情人物”颁奖盛典。这是陆松芳老人平生头一回来大上海，都市繁华的一切在老人眼里都很新鲜。住在星级大酒店客房，老人睡也不习惯，还抱怨吃不饱饭。出席颁奖晚会，陆松芳是第4位出场的真情人物。在长时间热烈的掌声中，随着电子屏幕徐徐推开，陆松芳从远处向观众走来。下台阶时，推介嘉宾民政部社会福利与社会慈善司司长王振耀赶忙上前搀扶。走到舞台中央，王振耀司长拉着陆松芳的手说：“得知你的事迹，我深受感动，很不容易，今天看到你，让我更加坚定了善款一定要善用的决心。”据悉，王振耀司长是民政部负责汶川地震善款工作的主要官员。

这时，站在绚丽舞台中央的陆松芳，双手插在腰间，挺直了因长年拉车而驼的背，面带微笑，神情自若，完全没有了拘束。主持人陈蓉问陆松芳：“您干活这么辛苦，为什么还要捐那么多款？”

陆松芳回答：“我年纪大了，吃用也花不了多少钱，多余的钱放在家里也没用，人家有困难，我应该去帮助他们。”

陈蓉又问：“您今年已经78岁了，回去后还拉不拉煤？”

陆松芳说：“只要身体吃得消，我还要拉。”就这样，他们轻松愉快地聊着，掌声不时响起。

陆松芳走下舞台回到座位上，不时翻看刚刚拿到的奖杯和证书，内心无比激动和喜悦。

尔后，儿子劝父亲以后别再拉煤了，现在全家人生活得都不错，有事干，有钱赚，孙子也已经是研究生了，老祖宗该享福了。但是，陆松芳还是那句话，只要干得动，还要去拉煤饼。

陆松芳老人回到新市小镇后，又像往常那样拉着煤车，挨家挨户送煤饼。

2009年10月21日，德清县公民道德教育馆开馆，包括陆松芳在内的30余位德清道德先进典型入馆。"人有德行，如水至清"，德清的一桩桩凡人善举赋予了这个县名更深的内涵。无数参观者纷至沓来，"你们看，平板车的轮胎都快磨平了，陆松芳老人真是不简单。"观众们围着一辆特殊的煤饼车七嘴八舌地议论着。

2009年第二届全国道德模范评选活动由中宣部、中央文明办、解放军总政治部、全国总工会、团中央、全国妇联等联办，经过群众推荐、审核公示和群众投票、评委评选等程序，共评出"全国道德模范"55名，"全国道德模范提名奖"262名。德清 "拉煤老

小学生参观公民道德教育馆

人”陆松芳荣获“全国道德模范提名奖”荣誉，并出席全国道德模范颁奖晚会——《道德的力量》，还参观了天安门、鸟巢等标志性场馆。回来后，陆松芳老人不停地对记者和工作人员道谢：“为了我一个人，费了这么多工夫，太浪费钱了。”老人连连说起感谢的话，让大家的心里格外温暖。“我能去北京，游览了天安门，这都是党和政府对我的关心，我要谢谢他们啊。”陆松芳老人心存感激，嘴里不停叨絮着。

2010年2月25日晚，新市镇政府在新市剧院举行了一场贺新春文艺晚会，其中一个表演节目是由新市镇文化中心创作的快板书《一个感动中国的老人》，它将拉煤老人陆松芳事迹搬上舞台，受到观众的热烈欢迎。人们还在浙江卫视的新春荧屏上惊喜地看到了《“拉煤老人”陆松芳：轻唱越剧贺新春》的温馨画面……

钱素春，善不思报为上善

钱素春，一名平凡弱女子，在1959年至1995年的36年中，奋不顾身入水成功救起21条人命。其舍己救人的感人故事曾在2004年9月央视10套《讲述》栏目，以《储蓄罐里的生命》为题亲身讲述，令现场央视主持人感动得热泪盈眶。说起这装有380元的储蓄罐，钱素春一脸欣慰。一次次下水救人却从来不图回报，一些被救者感激涕零地送钱送物，她一概回绝，实在躲避不了就象征性地收3毛、3块3毛，最多一次收下30元。30多年来共收到380元感恩款，全放在一个储钱罐里，一个子也没有花掉，还委托媒体捐赠慈善部门。央视奖励她1200元人民币，钱素春将它作为“热心好市民奖”启动资金。行囊只剩下一条红绶带，以及她的向往和追求——路见不平有人管，见义勇为人帮人。节目一经播出后，在社会上引起巨大反响。如今，随着年岁递增，钱素春不能继续入水救人，她就以无偿献血的方式回报社会，还省吃俭用颁发“热心好市民奖”。多年来，钱素春还先后为县城管局等5家单位做义工，服务社会分文不取。

“凤凰卫视”报料新读

《有报天天读》，凤凰卫视王牌节目之一，香港资深时事评论员杨锦麟擅长两岸三地时政评论，话锋犀利，不掩饰，不矫情，嬉笑怒骂皆成话题，一种书生言责的真性情在荧屏上挥洒自如。《有报天天读》成了广大观众热切期待的一道“饭后点心”不足为奇。一天，杨锦麟为我们读报：

香港《大公报》6月28日刊登署名明生的文章，标题是《道义融于舍得现于平凡》。

这篇文章介绍一位今年52岁的普通农村妇女，她的名字叫钱素春。钱素春在过去的三十六年来，以其熟练的水性，冒生命之虞而救别人之生命于深水涌流之中，成功救助21名溺水者。曾有一次因为无法获得岸边围观者的帮忙，以至于一位溺水的青年因为延误抢救而亡；在抢救溺水者的2个多小时里，不仅没有人伸出援手，甚至连伸出一根竹竿，抛出一条绳子都没有人帮她，倒还听到围观的人冷嘲热讽，说她逞能。钱素春说："我会游泳，从小就玩水，我这么好的水性，在我眼皮底下有人溺水而死实在感到愧疚；所以我真的整整难过了两天。"

36年来，钱素春救助过的21人及其家属曾重金感谢救命之恩。但钱素春说："拿钱买不来命，我救人不是为钱，目的是救人活命。"可见钱女士冒生命之危舍救于溺水者并非图报恩，只为溺水者活命。她在盛情难却的情况下，最多一次收过被救助者家属的30元感谢钱，其他的只象征性的留下了3元或10元钱做纪念，用一个储蓄罐单独保存着，现在共有380元。这380元至今都没有动用过，它只是一种助人为乐的纪录。

明生的文章感慨地指出，52岁的钱素春，一个柔弱民妇，却有五分舍得七分道义，"舍"与"得"融合起来当有十分舍得十二分道义，舍得与道义之交融至此，当为无限重来无秤量。

无须刻意，只要你舍得；舍一碗粥钱，能助得饥者腹中饱，是行于人间道义路，有一分仁德，也有一分道义；善不思报为上善，钱素春就是一个榜样和典范。善不思报为上善，钱素春就是这样的人。

36年水中救回21条人命

钱素春生于1953年，老家在兰溪，江水泡大的。上小学时就有 “浪里小白条”之称。凭借娴熟水性，因家住德清英溪河跨塘桥边，遂有了多次下水救人的经历。粗略算算，钱素春至少从水里救了21条性命，年龄最小的2岁，最大的72岁。

9岁那年夏天，钱素春和几个同学到兰江游泳，有位刚学会游泳的男同学在江中突然下沉，其他同伴都被这突如其来的意外吓得惊慌失措，哭出了声，钱素春却很冷静，一个猛子就将溺水的男同学拉出水面，这是她第一次救人。

1970年，钱素春下乡插队到德清秋山公社，后在当地结婚成家。夫家门前有条英溪河，当时河面上没有航道照明指示灯，夜间，不少船只撞上桥墩后侧翻。家在河畔的钱素春，只要一听见有动静，总是捷足先登，纵身跃入河中，抢救落水遇难者。

平时，村上孩子常到河里嬉水。一天，9岁男孩熊来英到河里摸螺蛳，不幸遇险。在小伙伴惊恐呼救声中，当时已怀有8个月身孕的钱素春拖着沉重的身子冲到河边，毫不犹豫跳进河里救人。小来英得救了，但钱素春却呛了不少水，幸亏腹中孩子无恙。长大后，熊来英一直非常感激这位救命恩人，曾多次拎着鸡鸭前去致谢，结果都被她挡回。后来受钱素春乐于助人精神影响，熊来英开始热衷社会公益，出资捐助多位尿毒症、白血病患者。

1975年腊月26日早晨，河面积了薄冰，有一个男子落水。钱素春不顾生命危险，脱掉外衣纵身跳入水中，一次次下潜。水太冷，她喝了几口白酒御寒后，继续在刺骨的冰水中来回搜寻，终于把落水者拖上了岸，而她却冻得浑身发抖，连句话都说不出来。

1987年，钱素春在浙江第一医院当护理工。国庆之夜，杭州西湖边燃放烟花，西湖岸边四处都挤满了人。因湖畔没有设置围栏，后面人往前一挤，就不断有人掉进西湖。钱素春顾不上看烟花，只

钱素春为老人义诊

要一有人落水她就立即跳下去救人。深秋的湖水很冷，夜晚的秋风吹得浑身湿漉漉的钱素春牙齿打颤，但她一直坚守在断桥边。那一夜，她共救起了8位落水者。

钱素春救人不图回报，实在拒绝不了才象征性地收下3、5元人民币，最多一次收了30元。这36年来她共收了380元感恩款，全放在一个储钱罐里。

2002年，钱素春家搬离了河边，下水救人的机会也少了，便开始义务献血，至今已献血2000毫升以上。2005年8月，中央电视台授予钱素春“见义勇为舍己救人奖”；2006年9月，被评为“湖州市爱心好市民”。2006年，上了年纪的她，用辛苦打工积攒的5000元作为启动资金，设立了“素春热心好市民奖”，鼓励更多的人做好事。她还先后获得“浙江省道德建设先进个人”、“见义勇为先进个人”、“全国道德模范提名奖”等荣誉称号。

一次失败，让她终身遗憾

在钱素春46岁的那年冬天，一个下雪天，河面结上了薄冰。帮女儿看孩子的钱素春刚走出家门，发现河岸上站满了人，原来有人跳河了。她立即问围观者：跳河的是男还是女？什么时候跳下去的？为什么不下去救人？她边喊边脱下衣服，只剩短裤和一件棉毛衫，连袜子都来不及脱，就冲到河里去救人。钱素春第一次潜水没成功，因为天气实在太寒冷，换气时间短，只好一次次浮起又潜下……当她在刺骨的冰水中折腾了许久，两岸却站满了看热闹的人。最终，她坚持不住后上了岸。

原来落水者是一个在德清打工的东阳人，年仅26岁，可能因为琐事想不开。当时，河水冰冷刺骨，钱素春将半斤烧酒几口灌了下去，再次下河救人。在漫长的两个多小时过后，钱素春终于捞起了这个年轻人。溺水者看上去像是睡着了一样，她抱着最后一丝侥幸心理，不停地给他做人工呼吸。可惜溺水者再也无法睁开眼了。精神高度紧张的钱素春仅穿着浸湿的短裤、棉毛衫，浑身发抖。两个多小时过去了，救人从未失手的她一时心如死灰。钱素春哆嗦着，流着泪漫无目的走着，终于忍不住对旁观者破口大骂。

后来，钱素春回忆当时情景时说，自己从来没有这样狠狠地骂过人，这一辈子也会记住那天的场景的。只因为自己会游泳，自己就有责任去救人。钱素春自责当时有些慌乱。像祥林嫂一样一遍遍唠叨：如果当时我头脑再清醒些，可以叫人绑块大青石在身上，就能一次潜到水底去救人。因为会游泳的人，身子到了水底，会本能的浮起。可是，现场没有一个人伸出援手，哪怕是一根绳子，一根竹竿。“这些人猪狗不如！”时隔这么多年了，钱素春还愤愤不平，眼圈发红。“才26岁一个小青年呀，多可惜呀！”那是钱素春救人生涯中唯一失手的一次，她非常遗憾，后悔自己没早一点下水救人。尽管这事已过去许多年，但每每说起，钱素春的心情还是很难过的。

由于长年累月经常下水救人，水中浸泡时间过长，钱素春患了严重的风湿病。她曾对媒体记者说过：“不管是谁落水，只要看见了，我就会跳下去救人！” 钱素春认为，救人出于一种本能，如果要说原因，就是因为自己会游泳，就这么简单。助人为乐，见义勇为，是中华民族的优良传统。一个平常普通农妇都能做到的事，是否让那些袖手旁观、将残忍当有趣的看客感到汗颜呢?

我就想一辈子做好事

钱素春曾先后在兰溪、杭州、德清居住，每到一地，她总能救起一些落水者，这几乎成了一种习惯。而许多人会很奇怪，她怎么有可能救到这么多人？因为她救人的36年岁月中，基本上在水边生活起居。恰好钱素春的水性很好，更关键是她曾有亲人溺水而亡的惨痛经历。谈到救人时有人冷漠观望，甚至嘲讽时，她说他们没有失去亲人那种撕心裂肺痛楚的真实感受。每一条生命对其家人来说，都是无法放弃的。从钱素春身上，我们切实地见证了勇敢、无畏和坚持。她像一面镜子，折射出人心的良莠；她像一团火焰，燃烧自己照亮别人。她没有什么绝技高招，只是将人善良的本能发挥到极致，创造出一个几乎不可能的奇迹。

2008年9月，钱素春与天南地北102名全国道德模范或提名奖获得者，应李长春同志和中央文明办的邀请，以嘉宾身份赴京参加第13届残奥会开幕式。

9月5日，中央文明办、全国妇联、共青团中央等领导同志来到怀柔宾馆集体看望了钱素春等道德模范代表。在会议上，中央文明办领导同志说，中央文明办就是你们这些道德模范的“娘家”，你们是精神文明建设的标兵，要为社会弘扬正气，为他人奉献爱心。

钱素春说，自己只是做了一些力所能及的小事，却得到了这么高的荣誉，内心非常感动，特别是这次中央文明办又将她的故事汇编成册印发全国，更令她感到“惊慌”。

在置身万众瞩目的残奥会开幕式现场后，钱素春更感受到自己是最幸福的中国人，她所在的贵宾区座位距离党和国家领导人的位置只有20米之遥，她甚至还清晰地目睹了总书记等党和国家领导人观摩开幕式的情形。

钱素春观礼2008北京残奥会开幕式归来

钱素春说："当看到残疾人运动员宣誓和主火炬点燃时，我和很多人一样都站起来，全场响起雷鸣般的掌声，不仅是为运动员，同时也是为整个残奥会加油喝彩。"

如今，钱素春称自己比以前"懒"了许多，现在她更像是一位道德教育工作者，经常被邀请到各地的中、小学校演讲公民道德和下水救人的故事，也时而为一些失足少年作辅导。在她看来，用自己的言行去影响他人，也是一件非常光荣的事。早年曾在医院干过十几年，钱素春跟医生学了很多医学知识。她利用自己所学，为社区老人免费量血压，或看点小病，俨然成了社区老人们的保健医生，义务照顾老人又成了她生活中重要的一部分。钱素春的最大心愿是：“我就想一辈子都做好事，以自己的行动激励更多的人来弘扬这种奉献精神！”

蒋引娣，漫漫十年还债路

许慎在《说文解字》云：“诚，信也。”“信，诚也。”基本涵义都是诚实无欺，信守诺言，言行相符，表里如一，这是做人的基本要求。德清一名普通农家妇女不惜十年辛勤劳苦，以其善良忠厚的行为践行“诚信”道义，她叫蒋引娣。十年来，蒋引娣凭借朴实的信念，顽强的毅力和执著的坚持，过着节衣缩食粗茶淡饭的简朴生活，终于全部还清了24万余元的巨额债务，其“诚信为本”的事迹感动了身边许许多多人。蒋引娣先后被评为“浙江省道德模范”、“感动湖州——2007年度最具影响力人物”和“感动德清十

央视主持人白岩松与蒋引娣对话诚信

大女性”。

2008年1月4日下午，“感动湖州——2007年度最具影响力人物”揭晓，湖州升华音乐厅举行了隆重的颁奖典礼。那天，蒋引娣站在绚丽的音乐厅大厅舞台中央，激动得泪流满面。颁奖词中有这样的描述：“十年时间，用‘诚信’将人生书写得如此美丽。”

随后，蒋引娣接受了中央电视台节目主持人白岩松的现场访谈。访谈中，蒋引娣用真切朴素的语言回答了白岩松一个又一个精彩的提问，还拿出那张记满了人名和阿拉伯数字，涂涂画画的香烟壳纸，这就是蒋引娣偿还债务的记录清单。“我的承诺，我都会记得，我的承诺，我都要去实现！”蒋引娣说得很坦然。音乐大厅里响起了阵阵掌声，为一个诚实守信的农家妇女喝彩。

农家妇女一诺千金

蒋引娣是武康镇塔山村人，今年57岁，一位普普通通的农家妇女。10年前，蒋引娣因家人生意经营失败欠下24万余元的巨额债务。自那时起，她把每一笔借款都牢牢铭记于心，用十年时间辛勤操劳，一分不落还清了全部债务。这名普通的农家妇女用实际行动书写了“诚信”二字。

早在1990年，蒋引娣打理一家小糕点作坊，还在武康镇千秋街开了家副食品店铺，生意红火。1996年，在朋友劝说下，蒋引娣家人又开了一家大型的副食品批发部。起初店里的经营状况不错，但没过多久，生意就一天比一天清淡。短短一年多时间，批发部亏蚀严重，欠下了24万余元债务，这让蒋引娣一家背上了沉重的包袱。

突如其来的打击，让全家上下陷入一片忧愁之中。万般无奈，蒋引娣只好关闭副食品批发部，抵押了家中的房子，用这些钱还掉了部分债务，但还有16.8万元的债务必须偿还别人。

面对巨额债务，想到两个儿子还没有结婚成家，蒋引娣天天躲在家里抹眼泪。“谁家没有儿女？别人也许正等着钱为儿女张罗婚事。既然已答应了还钱给别人，就一定要做到，即使做到死也要把债还清。”蒋引娣暗暗下定决心，在有生之年一定要还清这些债务，做人要讲良心。她把几十个债权人的名字以及债务数额认认真真一笔不落地记在香烟壳纸的背面。对那些打电话催债或上门讨债的债权人一一立下了保证承诺书，答应一定会把债还清。这是蒋引娣对所有债权人和自己许下的承诺。

十年还债讲诚信

如何才能将这么多钱款还给人家？眼下这道巨大的人生难题天天困扰着蒋引娣，让她坐立不安，茶饭不香，夜晚失眠。后来她终于想出了一个法子。蒋引娣开口向姐姐借来1500元钱，带着记下债务的香烟壳纸，和丈夫一起回到农村，开始了漫长而艰辛的十年还债之路。

蒋引娣首先想到了养猪挣钱，就一口气买回了7头小苗猪，开始了养猪还债的艰苦生涯。蒋引娣有养猪经验，她知道红酒渣是饲养生猪的好饲料。她每个月要跑一趟洛舍，因为从那边的酒厂可以买到便宜的红酒渣。虽然一袋袋如烂泥一样的红酒渣非常重，但每次都是蒋引娣自己装货卸货，“我每背上一袋就是减轻了一点债务，而我每放下一袋就离诺言的实现更近了一步”。

由于精心饲养，蒋引娣养的生猪品质好，卖得也俏，她也开始一点一点地还钱了。自从到乡下养猪开始，蒋引娣和丈夫两人平时就再也没有买过荤菜。猪刚卖掉，钱在手里还没攥热，蒋引娣就匆忙拿去还债了。“家里有了900元就赶紧想办法凑成1000元整数还给人家，借了多少就要还多少，一分都不能少。”蒋引娣这样想也这样做，她是说到做到的人。

十年来，蒋引娣养过猪，开过小吃店。即使因子宫肌瘤动手术，她也咬着牙很快出院开始干活。每还完一笔债务，蒋引娣就从香烟壳上划掉一笔。那时候，每天晚上睡觉前，她都要在脑子里琢磨一遍，欠香烟店王老板的债还了，接下来该还哪一笔呢。就这样一分一厘地还债，香烟壳上剩余的债务终于一天天减少下来。

再苦再累，蒋引娣也从未放弃过还钱的念头。2006年，她终于还清了最后一笔5000元的王家的欠款。“承诺的事，就要兑现！”蒋引娣说话掷地有声。从王家回来，已是正午时分，春天的阳光在这时格外温暖，蒋引娣深深地吸了口气，眼眶湿润了，十多年还债的心酸历程从此画上了句号：还完王家这最后一笔钱，10多年前因亏损所借的24万多元就真的还完了。

乡邻有难伸援手

十多年还债充满酸甜苦辣艰难的历程终于圆满画上了句号。

“还清了所有债务，现在是一身轻松，可以在家带带小孩，安心养些鸡鸭、种点水稻。”蒋引娣在接受记者采访时一脸知足。一旁淘气的孙子、孙女儿和外孙女在地上玩得正欢，儿孙满堂，天伦之乐在这一刻真实地呈现在眼前。

蒋引娣的子女很孝顺。知道母亲10多年来一直为还债辛苦奔波，孩子们都劝她现在应该享享清福。可从小在农村长大的蒋引娣是个闲不住的人。还完债后，她又回到乡下重新干起了农活，又买来四只种猪、60多只鸡鸭，还在自家的1亩多田里种上了水稻。每天起早摸黑忙个不停，她在乡下一待就是7个多月，这样的生活她过得开心而满足。很多村民都跟她说："引娣啊，白岩松都和你握过手，你这名人怎么还干这些粗活？"这时，蒋引娣总会笑笑说："一天不干活，我心里就不舒坦。"

滴水之恩，当涌泉相报。多年来，蒋引娣心中一直有个未了的心愿。她知道，自己困难的时候，曾有很多好心人帮助过她，现在债务还清了，自己也想尽一份力量做点好事帮助别人，回报社会。

如今，生活条件好转的蒋引娣乐意伸手帮助别人，借钱给需要帮助的乡亲。一次，她听说邻村的村民曹荣仙等钱急用，便将1000元送到了曹荣仙家里。

对于别人来说，这是件普通的事，但对于蒋引娣，却有着非同寻常的意义。因为，这意味着蒋引娣彻底卸下了这个十余年的沉重"包袱"，日子渐渐地宽裕起来。

蒋引娣说，当时自己的钱还清不久，就有人开口向她借钱。因为曾经有过缺钱的滋味，自己能理解对方的心情，当天晚上就凑了

蒋引娣与陆松芳出席首届浙江省道德模范表彰大会

3000元钱借给对方。到目前为止，蒋引娣已陆续借出了2万多元。

现在，蒋引娣经营着一家小卖部，生意也能维持生计。因为蒋引娣为人厚道，做生意也很讲诚信，每天，她的小卖部总挤满了街坊邻居。大伙都喜欢找蒋引娣聊天谈心，经常到她店里来买些日常生活用品。为了增加一点收入，帮助更多有困难的人，蒋引娣还到一家企业食堂工作，每月有800元的工资收入。蒋引娣心里想，每个月将一半的工资节省下来放到银行里存起来，哪天有人需要帮助就捐给他们。

漫漫十年还债路，蒋引娣用自己的“诚信”感动了杭嘉湖地区的百姓。“诚”是一种真实不欺的美德，而“信”也是信守诺言、言行一致、诚实不欺。人只有做到真诚无伪，才内心无愧，坦然宁静，给人带来精神快乐，“诚信”是一剂安慰心灵的良药。

钱立玲，千里拥军送温馨

2010年阳春三月，浙江省纪念“三八”国际劳动妇女节100周年大会在杭州隆重举行。家住德清县武康镇吉祥社区的“全国爱国拥军模范”、“拥军大姐”钱立玲出席大会，并荣获“浙江省三八红旗手” 和“优秀母亲”荣誉称号受到表彰，她也是本省唯一获得两项殊荣的杰出妇女代表。

今年52岁的钱立玲为浙江仪表有限公司退休职工，自2001年起，钱立玲先后12次赴西藏、青海、甘肃、宁夏等西部边远的军营哨所，慰问德清籍部队官兵，累计行程11万余公里，热心为军人、

钱立玲

军属排忧解难。她曾获“全国爱国拥军模范”、“浙江省建国六十周年新闻人物”、“湖州市首届‘十大杰出女性’”等荣誉称号，她的感人事迹多次被《解放军报》等多家新闻媒体报道，被部队官兵亲切地称为“子弟兵的好妈妈”。在西藏当雄县发生地震时，她第一个捐出了1.5万元……她那无私善良的慈母情怀和发自内心对人民子弟兵的热爱，就像八月盛开的桂花，芳香沁人心脾。

千里拥军之路

钱立玲从小就“不爱红妆爱武装”，18岁报名参加了女民兵，但想参军当女兵、或军嫂却一直都未如愿。2000年冬季，一次偶然的机会，钱立玲在家乡火车站目睹了入伍新兵与亲人洒泪告别那令人难忘的场景。一位老奶奶依依不舍地拉着孙子的手，流着泪说：“奶奶老了，不知道能不能等到你回来？”钱立玲当时就萌发了一个念头：一定要替这位老奶奶去部队看望她的孙子。

后来，钱立玲看了纪录片《世纪之初走边关》，片中讲述西藏阿里军分区一支骡马运输队的故事，那些军人在高原缺氧和恶劣的环境中长期执行任务而致伤致残，甚至付出宝贵生命的故事，立刻触动了钱立玲心中的那份柔软情感，遂萌发了赴高原军营慰问家乡子弟兵的念头。她想，人民子弟兵长年驻守在风雪边疆，如果将亲人的问候及时送到他们身边，他们一定倍感温暖。2001年春，钱立玲走访了几十个军属家庭，拍摄了军属生活的情景和对战士的嘱托的DV短片，自费踏上了远赴西北某部探望慰问部队官兵的旅程。没想到，远离家乡的官兵从屏幕里看到亲人熟悉的笑脸、听到亲人的叮咛时，个个流下了激动的泪水。从此，钱立玲毅然走上了漫漫拥军之路，13次自费到西藏、甘肃、青海、宁夏、新疆等地慰问驻守在高原连队和边防哨所的部队官兵。

2001年3月9日，钱立玲第一次踏上赴大西北之路，带上免费为战士亲人拍摄的照片，千里迢迢来到甘肃省酒泉某部慰问德清籍新战士。钱立玲还用摄像机、照相机记录下每名战士学习、训练的场面和丰富多彩的军营生活。回到德清，她又把这些画面放给那位天天惦念孙子的老奶奶看，老奶奶欢喜得合不拢嘴。钱立玲这一举动受到军属的欢迎，也得到了德清县人武部、县民政局的大力支持。2003年7月8日，钱立玲带着她在德清县13个乡镇24户现役军人家中拍摄的图像和照片，第一次踏上赴西藏慰问子弟兵的路途。这24名德清籍战士分布在9个不同地方服役，相距最远的有600公里。钱立玲走进每个营区，让每位德清籍战士从录像画面中见到思念已久的父母，听到亲人的嘱托。

钱立玲行程11万余公里，花去旅行费达数万元，自费拍摄制作了200多盘VCD光碟，反映家乡建设新貌和战士家人生活情景、亲人对战士的嘱托，千里迢迢送到军营，放给边防哨所的官兵看，又用照相机和摄像机拍摄战士们训练、生活场景，制作成VCD送到军属家中。

慰问子弟兵的行程记录下许多让钱立玲难忘的瞬间：西藏驻林芝某部官兵和家属冒雨列队，在军营大门口迎候她的到来；驻西藏日喀则某部战士王华，得知钱立玲要来看望他们，特意为钱立玲早早寄来抗高寒、抗缺氧的藏药；驻青海武警某部战士丁青青，在给钱立玲的信中说："阿姨，您来的时候，我真想喊一声'妈妈'！"

为了更好地与青年官兵交流，钱立玲特地借来了《生命里有了当兵的历史》、《送你一个青春的偶像》等反映军旅生活的书籍认真阅读，还专门订阅了《演讲与口才》等杂志。如果得知哪位战士有了想不通的问题，她就主动打电话或写信劝慰。军属们忘不了，战士沈松良、朱伟退伍回来找不到工作，钱立玲动员在公司当总经理的哥哥为他们安排了工作。驻西藏日喀则某部战士王华哥俩都在部队服役，母亲患眼疾常年不能干活，父亲是临时工、收入低。在钱立玲的帮助下，德清县人民医院为王妈妈做了手术，减免了医疗费。钱立玲还先后帮助65名退伍战士找到了合适的工作。心到，人到，行动到，这不容易做到的事，她做到了。当她第8次进藏时，另一位身残志坚的好汉——徐燮荣（中共党员，“德清县第二届残疾人自强十佳”的获得者，德清县武康镇泰源农贸市场大洋水产经营户）也来到了雪域军营。7月的西藏，漫山遍野盛开着一片片白色的花儿，如洁白的哈达洒落在高原，恣意烂漫。这种花儿叫格桑花，只生长在西藏高原，生命力特别顽强，即使到了风雪弥漫的冬天，花儿没了，绿叶没有了，它的枝干仍然会挺立在风雪中，像手握钢枪的哨兵。

八上雪山哨卡

2006年春，央视记者来德清采访，“拥军大姐”钱立玲成为央视《今日国防》改版后播出的首位专题人物。八上雪山哨卡，慰问子弟兵，“拥军大姐”钱立玲的故事开始家喻户晓，在驻扎在西藏千里冰峰雪域上的德清籍战士眼里，乡音是那么亲切熟悉；在他们父母的眼里，儿子在雪域边防的生活历历在目。这一切都是因为“拥军大姐”钱立玲的到来。

当49岁的钱大姐只身来到藏北那曲，印证了这么一句话：大爱不是说出来的，而是用脚步丈量出来的。

端午节那天，在西藏那曲军分区某部四连服役的德清籍士官周源源收到了一份特殊邮件——两张光盘和湖州粽子，发件人是钱立玲。由于任务重，周源源自从当兵入伍后，已经三年没有见到年迈的父母了，今年春节钱立玲来那曲，周源源无意中流露出了这个心愿。不久，在电视画面上，周源源看到了父母的微笑，听到了乡亲们的问候。

钱立玲对战士的爱是无私的，也是博大的，她不求回报，全身心投入。办了内退手续后，她愣是从为数不多的退休金中省出2万余元自费购买了昂贵的摄像器材，为战士和他们的父母架设了亲情的桥梁。从DV拍摄的一个个镜头里，德清父老看到了孩子在“世界屋脊”军营里的生活，这些镜头被剪辑成7集纪录片，2007年春节，从初一到初七在德清县电视台每天播放一集。这些珍贵镜头的记录者，就是13次赴青藏高原慰问子弟兵的“拥军大姐”钱立玲。2006年2月，为记录下战士神圣的一刻——新兵授衔仪式，钱立玲冒险独自翻越唐古拉山，由于严重高原反应昏迷，幸被藏族同胞及时发现，把她从死亡线上救了回来。

2008春节前夕，钱立玲开始了第8次进藏之旅。这次进藏，她走过了有“死亡线”之称的川藏线上最危险的一段，来到那曲军分区某部，看望了服役11年的德清籍三期士官王威。她沿川藏线一路走来，一路看望慰问常年驻守在川藏线沿线兵站里的官兵。

川藏线上流传着这么一句话：“天不怕，地不怕，就怕天黑到中坝。”就在这段道路上，钱立玲乘坐的大巴爬行到海拔4950米的色季拉山时，因积雪路滑抛锚。起初，钱立玲还走出车外欣赏不远处海拔7700多米的南迦巴瓦峰。随着夜晚降临，她开始冻得直打哆嗦。包里有巧克力，可那是带给战士的春节慰问品，钱立玲不舍得动，她嚼了几片随身携带的地瓜干充饥。又冷又饿的钱立玲晕倒了。在一名藏族群众的救助下，她苏醒过来。救她的人叫次仁顿珠，在一家藏药厂工作。听钱立玲说了此行来意，他立即送上10包公司生产的藏药，祝她和官兵们身体健康。

被困两天两夜后，钱立玲终于来到了士官王威所在的那曲军分区某连。她吸了几口氧气，立即为官兵们唱起了歌曲《高原红》。钱立玲边唱边拿出慰问品：山核桃、巧克力、保暖内衣和袜子，还有护手霜。慰问品中还有一样是王威最喜欢的，那就是钱立玲在他家拍摄的视频短片。王威从短片中看到了日夜思念的父母。这次进藏历时一个月，行程2.6万公里，钱立玲在冰天雪地中慰问了两名在川藏线上工作的德清籍战士。她还一一看望了在那曲、日喀则、林芝、昌都、山南等地服役的德清籍战士，每次她都为战士们唱一曲《高原红》。

奉献爱心，言传身教

2008年10月6日，西藏当雄县发生地震。灾难发生后，钱立铃的心被这个消息给揪紧了：那些在雪域高原站岗放哨的家乡子弟兵还好吗？那些对她有救命之恩的藏族同胞现在生活得怎么样？带着这份牵挂，10月12日，钱立铃踏上赴藏之旅。这已是8年来，钱立玲第11次进藏看望德清籍战士，也是今年以来第3次进藏。当天晚上6时30分，在丈夫的陪伴下，钱立玲带着简单的行装就出发了。钱立玲说，藏族同胞有困难、遭受灾难与不幸，我要用自己的微薄之力，带去一份关爱。在带上慰问金的同时也带去了德清人民对子弟兵和对西藏同胞的深情厚谊。

10月14日上午，在西藏自治区民政厅，钱立玲把10000元爱心款交到了救灾救济处。15日上午，钱立玲又赶往西藏军区总医院，看望了3位来自当雄县格达乡的藏族同胞，并送上了1500元慰问金。老阿妈嘎玛德吉激动地握着她的手连声说："谢谢！"钱立铃说："不用谢！每次进藏遇到困难和危险时，都是你们善良的藏族同胞帮助我脱离危险，这次你们有困难了，我一定要来看望你们。"几年来钱立铃和藏族同胞结下了深厚友情。

在钱立铃的影响下，近年来群众拥军现象在德清呈现出"葡萄串"效应。2002年，三合乡农民刘志国自费设立了"志国拥军奖"，用以奖励立功的德清籍及在德清服役的军人。一等残疾军人舒翔回家卧床休养，急需人照顾而家境贫寒，武康姐妹家政的戚琴芳姐妹俩知道后，自愿免费上门家政服务，几年如一日，如今舒翔已能下床走路，姐妹家政已由当初和残疾军人一家的素昧平生变成了"自家人"。40多岁的徐燮荣夫妻俩都是残疾人，靠经营水产品为生。五年前他随钱立铃慰问莫干山雷达连时，了解到大雪封山，部队官兵一连几个星期都吃不上新鲜蔬菜。从此徐燮荣每年都要在最冷最热的季节里上山送鲜活的鱼。

钱立玲也经常被学校邀请去为师生们作报告，讲述了她多次进藏的感人故事和设立“残疾学子励志奖”的心路历程和亲身经历。进藏30余年的军区副司令员、身在4500米雪域高原的德清籍战士、住在救灾帐篷里的藏民……钱立玲拿出一张张珍贵的照片，讲述照片中发生的动人故事，用带有德清方言的藏语，讲述“金珠玛米”的伟大，时而站立身子模仿高山引路人的动作，让人身临其境地感

钱立玲等拥军模范慰问德清县消防大队官兵

受雪域隐藏的种种危险……军人的无私奉献精神，藏民淳朴的情怀，在她质朴的语言和清脆的歌声中传递，钱立玲那份千里拥军送温馨的慈母情怀，令全场千余名师生的心灵得到了洗礼。

德清现象之二：

民间奖项，凡人义举

马福建，以孝行感动天下

“敬老爱老，是社会文明进步的一个重要标识。马福建，他带给我们社会的具有不一般的感动。这种感动从某种意义上说，他的事业促进了我们社会的更加和谐和文明进步，同时，也从一个侧面，推动了其它各项事业的更好地发展。”浙江大学社会学教授陈生和如此评价马福建与他十多年来致力的老年事业。

为营造“敬老爱老”良好的社会风尚，马福建自掏腰包设立全国第一个由个人出资的民间奖项——“孝敬父母奖”。1998年，为使无数老人老有所养、老有所乐，马福建又拿出积蓄，创办了莫干山老年乐园。被誉为“浙北第一孝子”的马福建，其感人事迹先后被新华社、中央电视台、《中国老年报》、《浙江日报》、浙江电视台等百余家媒体宣传报道，在浙江乃至全国产生了广泛影响。他多次被评为县、市、省、全国敬老爱老模范。2007年，马福建走进中央电视台《新闻会客厅》；2007年12月，马福建当选为“第三届全国十大社会公益之星”，前往北京人民大会堂接受颁奖；2009年7月3日，马福建当选浙江省“全国扶残助残先进个人”三名代表之一，又赴京参加第四次全国自强模范暨扶残助残先进集体和个人表

2007年12月，马福建出席在人民大会堂举行的第三届“全国十大社会公益之星”颁奖大会，与主持人沈冰合影

彰大会，会前受到胡锦涛总书记、温家宝总理等党和国家领导人的接见。

面对挂于墙上原全国人大常委会副委员长雷洁琼亲笔题写的“敬老楷模”四个大字，让马福建深感自己的社会责任重大。

世界需要热心肠

马福建，德清县上柏太平村人。1959年3月4日生。他代过课、做过小工、卖过烧饼油条、办过校办厂。改革开放后，马福建开始承包种植、搞运输，以后从事海鲜生意。

1996年秋天，一位老人徘徊在马福建的海鲜摊前，而当其被问之是否要买鱼时，老人窘迫地摆了摆手。在马福建的耐心询问下，老人把内心秘密告诉了他，原来，老人子女不孝，身无分文，自然吃不起鱼了。马福建深受震动，他把两条小黄鱼送给了老人，老人感动得热泪盈眶。这事对他触动很大，脑海中不断浮现老人忧伤的眼神。与妻子反复商量后，马福建做出了一个让村民们惊讶万分的举措——设立“孝敬父母奖”。1996年12月16日，马福建找到了村委会主任刘培根，提出由他个人出资一万元，常年设立“孝敬父母奖”。用自己省吃俭用积攒下来的1万元钱，奖励那些由村民推选出来的、在敬养老人过程中表现出色的村民。孝敬老人还有奖！老马所在的太平村村民纷纷奔走相告。

“记得那个时候全国各地的很多人都纷纷给我写信、打电话，甚至还有人要求我在德清帮助他们找个孝敬老人的好媳妇。”马福建说。“孝敬父母奖”每年颁发一次，每次颁奖马福建都要亲自为“孝子”们披红戴花，送上证书和奖金，活动搞得红红火火。马福建此举，使他一夜间成了包括央视在内的400多家媒体争相报道的新闻人物。“我是个农民，我设立孝敬奖就是想帮老人做点实事，让更多的人带头树立榜样，弘扬正气和传统美德，让更多的家庭和睦相处，更多的老人安度晚年。”这就是马福建设立“孝敬父母奖”的最大初衷。

设奖以后，马福建与老年人的接触也多了，当他发现很多子女不在身边或无子女的老人，生活很不方便时，便萌发了开办老年乐园的念头。1997年，马福建说服了妻子，用自己多年做小生意辛苦积攒起来的资金，加上一笔向银行贷款的资金，大胆创办了莫干山老年乐园。又一次跨出了常人难以想象的一步——把自己一幢占地500多平方米的三层楼住宅腾出来，改建成适合老年人吃住玩的乐园，而自己则搬进了仅10多个平方的店铺楼上。

老年乐园里有休息室、阅览室、娱乐室等生活设施。当年，首批10多位85岁以上的老人被老马接进了乐园。整天和老人们在一起，马福建觉得心里宽慰了许多。他说："社会上有些人做生意发了财，愿意吃喝玩乐，可就是不愿赡养老人，这样的人我马福建看不起。一个社会如果孝道不能成为风尚，哪还有什么希望？办老年乐园是我人生的一大乐趣，虽苦还是甜的。"马福建内心充满仁义孝道。

孝子从我做起

"我们每个人都会老，老人的今天就是我们的明天。既然我马福建选择了老人事业，我将把决心落实到行动中。"为了回报社会各界对老年乐园的关怀，他决定每年免费收养10名高龄健康老人。浓郁的养老温情，吸引了省内外许多老人前来入住。十余年来，马福建凭借细心经营和低廉价位，他的敬老院一直保持着较高的入住率，这群特殊的老人们也把马福建当成是自己的儿子。65岁的朱苏华是义乌人，入住老年乐园不久。当媒体记者问起他怎么会来德清养老，他说，马福建的敬老事迹在报纸电视上经常看到，他是慕名而来。在这里住了一段时间，觉得周围的环境、员工们的服务非常不错，而且每月350元的价位也很实惠。

老年乐园还接待了一批因失去经济来源而免费入住的特殊老人。章金花母子就是这样一对特殊的老人。94岁的老太太患老年痴呆，在家里时，连肥皂都会往嘴里塞。儿子王洁昌61岁，也有痴呆症，马福建专门为他们母子安排一个房间，聘请了专人护理照料。面对记者的褒奖，马福建只淡淡地说："这两个人实在太可怜，就当是我替他们尽孝吧。"

从老年乐园开园第一年开始，每农历新年，马福建都要让食堂厨师烧几桌丰盛的菜，让老人们团聚在一起，像家里一样，放鞭炮，挂红灯，贴喜字，高高兴兴吃上一顿年夜饭。不能小看这年夜饭，对有家有亲人的人来说，再平常不过，可对一个孤寡老人而言，他人生的落寞、酸楚、凄凉，已无人听他诉说了。人世间，有谁想到除夕之夜，孤寡老人那种无奈寂寞的心情呢？马福建想到了。虽然，只是一顿简单的年夜饭，此时此刻，对老年乐园中的孤寡老人来说，情深意长。欢声笑语中，老人们围着一张大圆桌敬酒劝酒，互相祝福，桌上又有丰盛的菜肴，他们再也不感到孤独了，他们和大家一样感受着人间温暖。

在一片欢乐和爆竹声中，马福建夫妇向老人拜年，敬酒，走了一桌又一桌，敬酒的高潮是在他俩来到103岁老寿星陈友莲面前，马福建和妻子像孝顺儿子儿媳一样恭恭敬敬地给老人倒上一小杯加饭酒，马福建说："您老是今天这顿年夜饭上年纪最大的一位长者，今年也是您老第二次在这里与大家共吃年夜饭了，我们小辈敬您老一杯。"然后，又转身举杯向大家说："来，我们大家一起祝福老寿星健康长寿！"

做客央视《新闻会客厅》

一次简单的设奖，居然引出一大串民间设奖者，这是德清农民马福建当初设立"孝敬父母奖"时想不到的。让他更没有想到的是，自己设奖的心路历程感动了中央电视台，2007年9月，邀请他走进知名栏目《新闻会客厅》，与主持人面对面地讲述了德清的民间设奖新风。

马福建今年48岁，中等个子，皮肤黝黑，略胖，头发有些秃还卷曲着。整个人看上去显得挺精神，逢人总是乐呵呵地说上几句，穿着很随便。就是这样一位淳朴的农家汉子，怎么会想到开办老年乐园呢？在电视上让全国各地的电视观众认识了这位设立“孝敬父母奖”，悉心照顾百位高龄老人的“江南大孝子”，农民马福建。

在“新闻会客厅”上，有一段对话很耐人寻味。

马福建说：“当时我搞这个事情以后，社会反响很大，说良心话，风言风语也是很多的。”

主持人李小萌问：“什么样的风言风语呢？”

马福建说：“有人说，马福建，你有钱了，想出风头；马福建你有几块钱了，想作作秀。你和人家不搭界的事情，你为什么拿出钱来奖励人家？风言风语很多很多，但是我不这么想，我这一搞以后，社会效益很大。”

李小萌问：“那是不是可以理解成钱的力量还是挺大的？”

马福建回答："不是，这个是榜样的力量很大。"

李小萌又故意说："榜样，其他村民就说你出风头！"

马福建说："我不怪人家。"

那天晚上，当得知马福建在央视"新闻会客厅"与主持人李小萌面对面交流的电视要播出时，老年乐园里的许多老人早早地就守候在电视机前。"阿建待我们比自己亲儿子还要好，他上电视的节目我们每次都看。"

受马福建的"孝敬父母奖"影响，在德清，创设民间"草根奖"有：环保老人朱天荣的"天荣环保奖"、残障人士徐燮荣的"见义勇为奖"、"素春爱心好市民奖"、"立玲残疾学子励志奖"、"外来人员风尚奖"、"志国拥军奖"、"海平和谐家庭奖"、"清溪创业新农民奖"、"丽红巾帼创业奖"等等。德清的草根奖真太多了。

打量这些"草根奖"，他们都来自民间，设奖者和得奖人都是平民百姓，评奖公开透明，奖金也很少，没有什么权威性可言。这些"草根奖"的意义不在奖金多少而在于荣誉感，向往和谐、营造和谐的愿望总是受大众欢迎的。德清"凡人善举"先进典型遍地开

马福建在青川颁发“孝敬父母奖”

花的现象，引起了中央和地方各级领导的关注，把这种春笋般出现的民间“草根奖”，誉为精神文明建设中的“德清现象”，这是德清的骄傲。假设把这一群好人比作一个“战斗班”，那么马福建无疑是带头人——马班长。

“孝敬父母奖”辐射全国

马福建曾在中视《新闻会客厅》节目上有过一个承诺。

当时，李小萌问：“孝敬父母奖你准备一直办下去吗？一直出这个奖金的钱？”

马福建答：“是的，我一直出下去，办好这项奖。”

李小萌问：“如果全县范围内大家都敬老了呢？”她的言外之意是德清县内再没有不孝敬父母的情况出现，你是不是就停办了。

马福建答：“本县搞得好了，这奖可推广到全市或者全省，或者搞到全国去。”

李小萌问：“范围越来越大，得奖人可能越来越多，你要投入的奖金也越来越多？”

马福建回答毫不犹豫：“这个奖金我觉得凭我现在这样的能力，我能拿得出来的。我觉得这个钱实在不多，也可以说很少很少，现在社会当中，在我们那里，社会较富裕，对老百姓来说，五百块钱根本没有多大意思，我觉得大家在乎的是荣誉，一种荣誉感。”

2008年要颁发第六届“孝敬父母奖”，德清的五位孝子早已授过奖了。十年孝敬父母奖办下来，德清的民风好多了，合格人选太多，再奖也是优中选优，好中挑好。按当初标准，可说“无人可奖”了。这正是马福建所希望的事。如何把“孝敬父母奖”和孝文化向更大范围延伸呢？这也是马福建在《新闻会客厅》上的承诺。马福建在《湖州日报》看到这样的一条新闻，“本市吴兴区埭溪镇太平桥村村民仲维斌，在市第二届‘文明五星’好公民活动中被评为‘孝心好儿女’”。马福建联系媒体记者，陪同前往仲维斌家，现场为孝子仲维斌颁发了“孝敬父母奖”。

一个月后《杭州日报》又为马福建“寻找孝子”登了这样一则消息：“最近，‘杭州湾新闻’收到一封德清读者的来信。写信者名叫马福建……”下面简要介绍了马福建和他的“孝敬父母奖”情况，然后说，“老马托本报寻找的孝子没有任何门槛，可以是长期照顾患病父母的女儿，可以是为了方便照顾父母而放弃外地优越生活的儿子，也可以是帮助爷爷奶奶完成心愿的孙子辈等等。你可以自荐，也可以推荐身边的孝子孝女，如果你是社区干部，尤其欢迎推荐本社区的孝心居民。”下面附有联系电话。很快，两名“孝女”的材料寄到了马福建这里。一位是常年照料98岁画家陆九畴的外甥孙女徐元花；一位是浙江三届政协委员的妻子，数十年服侍婆婆的孝儿媳李晓文。第二天，马福建赴省城杭州，上门为她俩颁发

“孝敬奖”。

当四川汶川地震发生后，灾区灾情牵动马福建的心。他和乐园老人一起捐款赈灾，还积极与德清支援青川县楼子乡灾后重建指挥部取得联系，将“孝敬父母奖”颁奖活动延伸到灾区，亲自赶赴青川，在楼子乡为两位“孝子、孝女”颁奖，还义务认养了4名羌族孤寡老人送去一年的生活费。2009年第七届““孝敬父母奖”，马福建又颁奖到了西藏。

“善待老人就是善待我们自己，这辈子，‘伺候’老年人这饭

马福建在地震灾区青川认养老人

我是吃定了。我要把老年事业做大做实。接下来，把收养服务的对象扩大到生活不能自理、身体有残疾、或者瘫痪在床的老人，还要开办老年人超市，真正为政府分忧，为家庭解难……”马福建“孝行天下，关爱老人”的赤子情怀正是我们和谐社会道德规范的一种注解。

朱天荣，环保翁的绿色事业

2009年金秋时节，网络媒体浙江行采访团的记者抵达德清时，正赶上一场特殊的颁奖仪式。“7岁的小孩获奖了？”记者们感到很惊诧。当天，第七届“天荣环保奖”获奖者中就有年仅7岁的小朋友杨凡。杨凡年龄虽小，但他从小就养成良好的环保行为和习惯，看到地上的垃圾他会主动捡起来，平时生活中也注意节电、节水，还用自己的方式宣传环保知识。年逾古稀满头银发的设奖人朱天荣再次重申设奖初衷——通过奖励来树立榜样，从而引导更多的人来重视环保和参与环保。

新华社记者采访朱天荣

在“关爱家乡，呵护太湖，服务世博”的第二届湖州太湖放鱼节上，就有民间环保老人朱天荣的身影。那天清晨七点，他就从德清出发，目的是能及时赶到湖州太湖边亲手放鱼。朱天荣说：我们这样放鱼，净化了太湖的水质，放鱼我不仅参与了，也拍了录像，做环保讲座的时候，这个资料播放给大家看，保护母亲湖。

七旬老翁的绿色生涯

“78岁高龄、7年来回收25万多节废旧电池、为环保投入近20万元、先后颁出350多张民间环保奖状……小人物的故事，更多的是书写道德、净化灵魂、改变风气。一个文明的社会，需要英雄壮举，更需要道德楷模。小人物们用自己的言行书写的‘道德经’，对社会来说，更是建设文明社会、和谐社会所需要的。”《联合早报网》文章这样评介朱老。

在德清县乾元镇上，有家“最牛”的钟表店，小镇上几乎人人都知道这家店，经营者是浙江第一环保老人——朱天荣。

2001年，时年71岁的朱天荣开通了国内第一条民间环保热线，建立国内第一个环保民间联络站，同时每年个人拿出1万元设立“朱天荣环保基金”，这个举动在当时引起了轰动。

9年过去，已年近八旬的朱天荣依旧保持着一份环保斗士的赤子情怀。“当年刚开通环保热线的时候，我凡事亲历亲为，一碰到不平事，首先想到的就是曝光。”为此，朱老不止一次跟乱排放的企业顶真较量，人身安全屡次遭遇威胁。但多年的环保先锋做下来，他深有体会，环保不可能一蹴而就，而应坚持不懈。在方式上和风细雨或许比急风暴雨更有可取之处。如今做环保调查，朱老有时会推着轮椅上的老伴“打掩护”。如果一旦被人认出，他就主动上门，找到事主，婉言劝说。巧妙利用官方渠道监督生态环保事件，也是朱老常用的办法之一。

如今，朱老后继有人，很多企业愿意接手他的环保奖。朱老的侄女兼徒弟沈梅继承他的钟表店和环保热线，接班环保联络站工作。9年间，德清县环保志愿者队伍已经发展到3个社团、200多名固定成员。

拼命干环保

朱天荣还有一特殊身份——绿色浙江环境保护协会副总干事。在常人眼里已年逾古稀的朱老本该在家享享清福、安度晚年。朱天荣也这么想过，然而当他见到被污染的河水、被砍伐的树木时，就不由得感到伤心和愤慨。他总觉得自己应该为此做点什么。朱天荣种了两盆洋葱，特意在其中一盆的土壤中埋了一节旧电池。不出所料，没埋电池的那盆洋葱明显葱郁得多。于是，朱天荣就抱着这两盆洋葱，走街串巷，向人们宣传废旧电池的危害。几年下来，他共收集了近十余万节废旧电池，交由一家环保科技公司处理。

在收集废旧电池的过程中，朱天荣目睹了许多破坏环境的事情。他想，仅仅凭着个人的力量来改善环境是不可能的，必须发动更多的人也加入到环保行列中来。朱天荣萌生了创设环保奖的念头。但创设环保奖需要一定的资金作后盾。但他手上并没有那么多资金，为此朱天荣伤透了脑筋，最后他想到了将自己的订婚戒指典当换钱的办法。2001年1月，他在老伴的支持下，将订婚戒指典当了一万多元钱，随即将钱存入了银行，设立了全国第一个由个体经营者出资设立的环保奖。

环保奖设立后不仅让原来热心环保的人的劲头更足了，还吸引了许多新人积极参与环保活动。在获奖者中，有一位来自北京康乐里小学四年级的叶璐小朋友。小叶璐热爱环保，不仅积极回收废旧电池，而且，还在妈妈的带领下，积极参加植树造林活动。朱天荣了解了叶璐参与环保活动的情况后，认为小姑娘的行为应该得到鼓励和肯定，朱天荣从银行取出了一些钱，到工艺品商店购买了一只神气、漂亮的工艺牛，又趁到北京开会之际，亲手将这份有特殊意义的环保奖颁给了叶璐同学。

2001年3月，朱天荣决定：今后将自己店内的所有的利润都拿出来，创设“朱天荣环保基金”。据了解这是全国第一个，也是当时唯一由个人出资的环保基金。

朱天荣从基金中拿出一部分制作了5000个由他自己设计的“爱国之星”环保胸章。对那些前来给他送废旧电池的、反映环保情况的人奖励一枚胸章以示鼓励。一时间，在德清县戴朱天荣发的胸章成了一种时尚。看到大家对自己这么支持，朱天荣对自己所从事的环保事业更有信心了。

自从干上了环保义工以后，照相机就成了朱天荣的“好伙伴”。朱天荣带着它走街串巷，深入工厂和农村，拍摄了许多有关环保的照片。看着这些照片，朱天荣就想：照片上的这些事儿应该让更多的人知道，让大家都认识到环保的重要性。朱天荣还在县城广场上举办了《目击破坏环境》图片展，展出了朱天荣自己拍摄的数十张照片，其中有居民乱倒垃圾的、河水被污染的、化工厂排放有毒气体的，吸引上千群众驻足参观。

朱天荣家的电话一时间也成了热线电话，许多人纷纷打电话向他反映有关破坏环境的事情。他想：既然大家对我都这么信任，那我干脆就再为环保尽份责任。2000年7月13日，朱天荣挂牌成立了全国第一个民间环保联络站，并开通了环保热线电话。

7月15日早晨，朱天荣骑着自行车去朋友家，途经乾元山时忽然被几个人拦住，不由分说地把他的自行车扔进旁边的鱼池；7月16日晚上，几块石头破窗而入，玻璃碎片击中正在家中洗澡的朱天荣。有好心人劝说朱天荣不要干这种“吃力不讨好的事”，但他摇摇头说：“环保是关系子孙后代的大事，我责无旁贷，必须干下去。只要我活一天，就一定要坚持一天！”

2001年6月24日，北京人民大会堂隆重举行“第二届爱我中华大家行活动”表彰大会，全国工商联主席张绪武向朱天荣颁发“中华爱国之星”荣誉证书。朱天荣是获此殊誉者中年纪最大的一位，也是浙江省首位获奖者。

环保，永不迟到的追求

朱天荣身上带着一盒特殊的名片，上面有一句话是这样写的：环保是一种永远不会迟到的追求。这句话就是他的心迹。

自从设立“天荣环保奖”后，究竟给谁发奖？朱天荣考虑再三，决定“抓老、抓小”。朱天荣告诉《半月谈》杂志社记者：“热心环保的老人特别不容易，他们需要一定的经济资助；环保要从娃娃抓起，培养新一代的环保意识比什么都重要。”

大鼻子爷爷又在街上变戏法了，他身边围着一大圈小朋友。

老爷爷先把魔法箱给小朋友看看，里面是空的，合上再打开时，拉出一张横幅，上面写着“环境保护，从我做起”。

再变一次，魔法箱里掏出许多绿色小奖章。老爷爷一边给小朋友发奖章，一边说：“带上环保小奖章，就要做个环保小卫士，不乱扔果皮纸屑，不随地吐痰哦。” 这位变戏法的大鼻子爷爷，就是环保老人朱天荣。

“钱少、面广、人多”，在这一颁奖原则下，铅笔、保健品、玩具等都可以成为奖品，有时朱天荣甚至给获奖者拎一篮当地特产——酱羊肉。为了鼓励众多默默奉献的环保热心人，朱天荣还设计并定做了环保纪念章和电池收集筒各6000个，采购了一批“老黄牛”塑像作为奖品。9年来，朱天荣共发出350多张奖状，用于奖金和奖品的费用总计4万元左右。

朱天荣的名气越来越大，找上门来的大事小情也越来越多：化粪池脏水溢出来了，大树被砍了，饭店老往附近河道排废水，矿石粉尘太多损害工人身体健康，工厂偷排污水……闻讯后，朱天荣常常背上摄像机赶到现场调查取证。乾元镇西门许多居民抱着试试看的心态拨通了民间环保热线电话，反映某豆腐作坊悄悄排放废水达1年之久，严重影响他们的生活，在热线主人朱天荣的努力下，排污问题得到妥善解决。他们逢人便说：“中国民间第一环保联络站真行！”

一年初夏，有人举报一家化工厂在离镇取水口500多米的地方偷偷打开了排污口。老人带着摄像机赶往现场，化工厂的人也接踵而至，不仅把老人的摄像机扔到水里，还恶言威胁。“吃一堑，长一智”，朱天荣从此开始了隐蔽拍摄。在一个暴雨如注的恶劣天气里，老人冒雨坚持3个多小时，终于拍到了一家企业的非法排污口。

朱天荣向中学生宣讲环保知识

2009年重阳节前夕，德清“夕阳红”环保志愿者陈阿干等15名六七十岁的老人，在78岁环保老人朱天荣的组织下，骑自行车先后到乾元、新市、钟管和洛舍等乡镇，向居民发放绿色环保资料，宣传绿色环保，倡导低碳生活，增强市民的环保意识。

这些年来，朱天荣的环保公益行动得到了政府和社会的充分认可。德清县环保局领导在接受《半月谈》记者采访时说：“作为负有环保工作重任的政府机构，我们并不奢求像朱天荣老人这样的民间人士能发挥多大作用，但是这股力量的确已成为政府环保工作有益而必要的补充。”

“春百合”，微笑与爱

有一颗百合花种子落在峡谷里，发芽生长。当她开出一花蕾时，周边的野草都嘲笑她、孤立她。百合花却默默忍受，因为她相信，总有一天，自己会绽放美丽的花朵。春天来临，百合花迎风怒放在峡谷中。而刚刚盛开的百合花瓣上，还沾满晶莹露珠。百合花知道，那是自己的喜悦之泪。百合花有“云裳仙子”之誉，高雅纯洁，深受世人喜爱。世上的野生百合约有90余种，寓意“百事合意”，被人们视为吉祥花卉。百合花是湖州市市花。

2006年12月28日，9名绿色浙江德清籍会员以及4名环保志愿者共13人，经浙江省绿色环保志愿者协会批准，共同组建了绿色浙江德清县“春百合志愿者”团队。在防风古国文化园的成立仪式上，队员们高举右手，在中国志愿者的红色旗帜下，进行庄严的志愿者宣誓仪式。从那一刻起，宣告绿色浙江德清“春百合志愿者”团队正式成立。

春百合志愿者团队，是一支以宣传绿色环保、建设和谐美丽家园为宗旨的志愿者队伍，目前已发展志愿者500多人。在没有任何经费来源的情况下，团队成员个人集资，开展植树造林、印制赠送环保宣传资料等社会公益活动，身体力行，带动商家和热心市民共同参与社会公益事业。2007年度，团队参加环保宣传的志愿者达326人次以上，活动累计时间达1000小时，被浙江省青年绿色环保协会授予“2007年度十佳志愿者服务集体”荣誉称号，另有两位队员被授予“环保卫士奖”。2008年更是团队长足发展的一年，全年组织和参加大小公益活动99场，其中5·12汶川地震后发起赈灾爱心救助以及环保宣传、敬老爱幼、无偿献血等活动均在社会上产生热烈反响。

"松芳助人为乐奖"获得者周连海（前排左一）

"春百合"的创始人

2009年365天中，春百合志愿者团队策划、参与和组织的各项社会公益活动达95场（次），平均每3.8天就有一场活动，参与的志愿者总人数达363人，总计1520人次，服务总时间超过4200小时，受益群众在15000人次以上。在这些活动的现场，有一个人的身影特令人难忘，他行动不便，骑着一辆半旧的残疾人专用车，娴熟地指挥志愿者分头去开展活动。他叫周连海，是春百合志愿者团队创始人、队长，也是整个团队的主心骨。

周连海，1963年生，3岁时患小儿麻痹症，失去了行走能力，轮椅和拐杖成为他生活的一部分。父亲是新中国第一代飞行员教官。在生活中，父亲对周连海的要求十分严格。准军事化教育是周连海真实的童年经历，也塑造了他坚韧的性格。身体的残疾并没有磨灭他对生活的信心，1980年高中毕业，待业在家，后进入工厂当技术员，但好景不长，工厂破产倒闭，周连海也随之下岗。他做过各种零工，时间都不长久，直到1993年，而立之年的周连海在德清广播电台的一次主持人招聘中被录用，干了3年。1996年广播电台搬迁武康，周连海居住在乾元，由于行动不便，周连海再次失业。此后，周连海自学小家电修理维持生计，同时自学电脑图文设计。2000年他用买断工龄这笔钱配置了一台电脑，背水一战。电脑对周连海来讲是生活的唯一寄托，他一边维修家电，一边买来电脑软件的自学教程，这台电脑伴他走过了人生的最低谷，现在这台电脑依旧是他最好的助手。他曾经用这台电脑设计过名片、横幅，甚至大型的喷绘。在周连海家的墙上挂着两个玻璃相框，里面贴满了他设计的各种名片。

由于身体残疾，周连海经常受到他人的歧视，同时也得到过很多人的帮助。周连海还清楚记得，一次回家的路上，一场阵雨突然降临，虽离家不很远，但陈旧的电动三轮车还是抛锚了，周连海没带雨具，只能任凭雨水淋湿。此刻，一位路人好心地推着他的车前行，当他抬头准备感谢一声的时候，留给他只有一个雨幕中的背影。也许这只是一件微不足道的小事，却让周连海难以忘却。这也让他产生了帮助别人的想法，“别人可以帮助我，我也可以帮助别人，这种帮助不求任何回报，一个人再富有也需要别人的帮助，哪怕是一个微笑。”周连海说，当时他只看到了一个男人的背影。但就是这个背影，让他觉得人需要学会感恩。日后，周连海开始寻找帮助他人的方式，直到他了解了无偿献血。

2004年2月6日，周连海在武康第一次参加了无偿献血，“能参加无偿献血首先说明我是健康的，献血既有利于我的健康，同时也可以帮助他人，何乐而不为呢？”2004年11月，周连海和爱人池春华两人被浙江省青年志愿者协会绿色环保志愿者分会正式批准注册成为光荣的中国志愿者，这也为两年后“春百合志愿者”团队的成立播下了种子。怀着感恩的心，周连海三年献了800ml血，成为名副其实的无偿献血志愿者。

2006年的某天，周连海像往常一样到当地献血站参加无偿献血，却被对方拒绝，告知不接受残疾人献血。一时气愤，他投诉了工作人员。没想到第二天，献血站站长就亲自登门道歉，向他解释新献血法规定，不接受严重残疾或严重功能性障碍人士献血，这是从保护残疾人利益的角度考虑的。而当他了解到周连海从2003年开

春百合志愿者在无偿献血

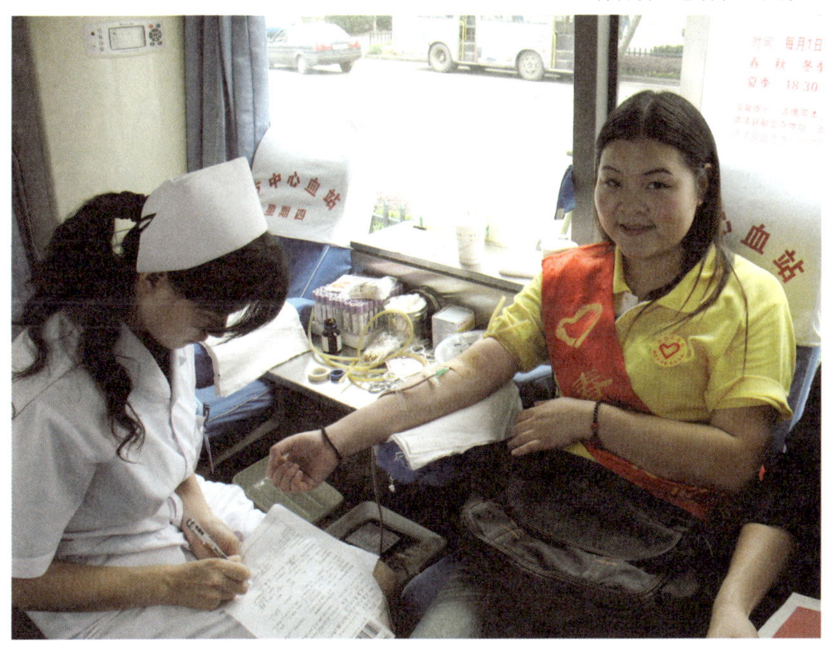

始一直坚持定期无偿献血，以此作为回馈社会的一种方式时，十分钦佩。他向周连海建议，与其一个人献血，不如去呼吁和影响身边更多的人参与无偿献血。这也点醒了周连海，行动不便是自己的弱势，但交友广泛却是他的优势。于是，湖州市第一支“无偿献血志愿者服务队”建立了，这就是“春百合”的前身。

美丽绽放

春百合志愿者团队中有企业家、教师这样的白领，有银行职员、医务工作者、在校学生，还有普通工人、待业青年等各行各业的人员。加入了“春百合”，大家只有一个共同目标：不求回报，不为争功，默默奉献，就像百合花一样，没有艳丽的花朵，芬芳的香味，独自开放。

2006年6月14日，为第三个“世界献血者日”。在这一天，德清县5名无偿献血志愿者，自发组成了湖州市第一支无偿献血志愿者服务队。在乾元镇的大街上，志愿者服务队伍统一着装，向过往的路人发放无偿献血宣传资料，并以自己献血的亲身经历，宣传动员群众参加无偿献血。他们就是春百合志愿者的最早成员之一。周连海想，从今天开始，从德清县开始，湖州市无偿献血活动从此有了志愿者同步进行宣传和服务的新模式。

2007年6月14日，第四个“世界献血者日”，那天大雨如注，“春百合志愿者”没有因为大雨而停止上街宣传，他们还得到新组建的春百合志愿者老年秧歌队鼎力配合，晚上6点，年均七旬的老年秧歌队员顶着雨，舞着红绸，扭着秧歌，宣传无偿献血。快乐而热烈的气氛感染了大家，献血车上的工作人员从早上八点半一直忙到了晚上十点，创下了乾元镇无偿献血量的历史新高。“春百合志愿者”团队受到了湖州市献血办等领导的表扬，此新闻还在省级刊物《浙江血液》刊载。

2007年10月21日，春百合志愿者团队在武康镇又成立了“无偿献血志愿者服务队武康分部”，和乾元镇的无偿献血志愿者服务队一脉相承，配合县城武康开展无偿献血同步宣传，并为无偿献血者提供帮助。至此，湖州市三县两区内唯一一支为无偿献血进行同步宣传的志愿者团队初具规模。当天，志愿者们除了走上街头向市民们宣传无偿献血外，还以身作则参加献血，以此来庆祝中队的成立。“春百合志愿者”俨然成为一颗闪亮的公益之星。当年，参与献血的志愿者达25人次以上，献血总量达10000ml以上。团队获得“湖州市2006——2007年度无偿献血促进奖”集体荣誉。

2008年6月14日，第五个“世界献血者日”。在这个以“定期献血”为主题的献血日里，发生着不平凡的故事……有四名女志愿者是第一次参加志愿者活动，为了能在世界献血者日里奉上一份无偿献血志愿者最好的礼物。姑娘们登上了采血车，她们的笑容是那

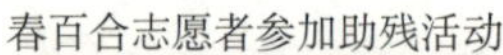
春百合志愿者参加助残活动

样甜美灿烂，志愿者们的爱又是那样的真诚，在这个特殊的节日里，她们同样无愧于中国志愿者的称号！截至当天下午3点半，累计参加无偿献血的市民总数达到了90人次，总献血量达到了33000ml，是平时的三倍。这是德清人民奉献给第五个世界献血者日一份最厚重的礼物。如今，春百合志愿者中，凡身体素质符合条件的队员基本上都直接献过血，有许多队员已数次参加无偿献血，团队中还有两名队员直接参加了造血干细胞的捐献（俗称骨髓捐献），他们的血样已进入了中华骨髓库。2008年度志愿者无偿献血总量达到了20000ml。

为人民服务

2008年秋，德清千秋广场上人头攒动，一场大型慈善公益活动在这里隆重举行。“江铃·溪桥工程”是由中国扶贫基金会携手中国汽车新闻工作者协会、中国汽车报社和江铃汽车股份有限公司三家单位于2007年4月3日正式启动的大型公益活动，主要是为我国部分经济欠发达地区提供资金援建便民桥，并同时开展捐资助学、捐书助教、捐衣送暖等慈善活动。

在德清站现场，春百合志愿者团队乾元中队、武康中队、新市中队、老年秧歌中队和佐力药业中队参加了本次活动。上午8点半，佐力药业中队志愿者们就早早到达活动现场，他们把捐赠的衣物折叠整齐，统一装箱。志愿者们为“江铃·溪桥工程”捐赠了善款，把自己的点点关爱送给孩子们。春百合志愿者“为人民服务”的旗帜和精神也感动了很多的现场观众，他们纷纷走到捐款箱前奉献爱心。志愿者代表周连海说：“我愿意成为一名光荣的志愿者。我要尽己所能，不计报酬，帮助他人，服务社会，为人民服务。”

为了感谢“绿色浙江”春百合志愿者团队五个中队对本次活动的协助和参与，江铃汽车湖州分公司经理亲手将一面印有“一桥一世界，彼岸渡春风”字样的锦旗赠予春百合志愿者团队。更为有趣的是，在授锦旗的同时，一只披着一身美丽羽毛的鹦鹉鸟飞进了会场，停留在了志愿者的手上，仿佛前来分享志愿者这一刻的荣誉和快乐，颁奖台上下到处洋溢着欢乐与吉祥……

5·12汶川地震后，“春百合志愿者”首先带头捐款，并积极走上街头动员更多群众参加募捐活动。时令初夏，但气温接近盛夏，志愿者们手捧募捐箱，冒着高温不知疲倦地奔走在街头巷口……8天里，在全县各乡镇共发起9次赈灾募捐活动。

爱心传递，送出清凉。2008之夏，武康镇永安街与英溪路交叉口，《今日德清》报社设立免费供水点，来了10多位身批红绶带的春百合志愿者，还带来了10桶矿泉水，积极加入到夏日送清凉活动中来。在“春百合志愿者”的爱心感召下，这份爱心迅速传递，有越来越多的人加入到送清凉活动中来。一位热心市民愿意为低保困

春百合志愿者在重阳节慰问老人

难的市民、老人提供绿豆、饮料等消暑品；老百姓大药房也准备了清凉油、风油精等夏日应急药品加入清凉活动中来。在连续三天的送清凉大型公益活动中，春百合志愿者共出动志愿者74人次，累计服务时间达212小时，接受服务的市民超过了2千人次，志愿者们的奉献精神，在精神文明建设上起到了良好的带头示范作用。

2009初夏，县红十字会组织春百合志愿者团队来到县火车站广场开展系列健康公益活动，并向武康爱心幼儿园的100多名小朋友派送香囊。100多位志愿者自发组织缝香囊活动，利用休息时间，还动员了家人，用3天时间赶制了1000多个香囊，在武康、乾元、新市三大镇同时派送，为广大市民送健康。

春百合志愿者团队自2006年成立以来，一直把敬老爱幼作为新队员入队的思想道德教育的必修课。2007年春节前，春百合全体队员前往莫干山老年乐园，给园中的老人们送去了温暖和问候。

春百合志愿者团队在不断发展和壮大，敬老爱幼活动的规模和内容有了新规范，除了每年新春佳节、重阳节关爱老人外，还不定期在夏季、冬季开展送清凉、送温暖活动。春百合志愿者不仅自己带头孝敬老人，还以行动来带动商家、企业和爱心人士一起来关爱老人，弘扬敬老爱幼传统美德。

2010年伊始，“春百合志愿者”敬老爱幼系列活动进入了第4个年头，为了让德清偏远乡镇敬老院、老年乐园同样感受社会关爱，团队启动“父母的冷暖，儿女的牵挂”主题活动。1月3日一大早，周连海带领20余名志愿者，一起来到莫干山镇劳岭敬老院，把温暖送到了12位老人手中。

春百合志愿者团队自成立以来，始终奉行“尽已所能，不计报酬，帮助他人，服务社会”的志愿者宗旨，为社会和困难人群提供全方位的志愿服务，得到了社会各界的好评。在中国低碳经济门户网站中国低碳网上有“春百合”宣传“低碳经济与生活”大型活动的图文。2008年10月国庆节期间，春百合志愿者团队利用假期成功策划首次湖州三县一市长距离绿色骑行环保宣传活动，并得到了沿途各县志愿者协会、义工协会的大力支持和联合宣传。“环保骑行四百里，车贴传递环保情”。两天400里行程，志愿者们凭着自己的努力和坚韧，在第二天傍晚6点半回到了出发点武康火车站广场。在黄色路灯映照下，志愿者们脸上除了疲惫外，更多的是刚毅和喜悦，还有收获和信心！

春百合志愿者绕杭州西湖绿色骑行，进行“节能减排每月少开一天车”环保宣传

2009年，德清县开展道德模范先进事迹巡讲活动，在德清四中，“春百合”的创始人周连海以青年志愿者名誉阐述“我志愿、我服务、我快乐”的道理。这些可学可敬的身边典型亲切实在，有很强的感染力，学生听得进、辨得清、印象深刻。报告会共有万余名学生聆听讲述，为青少年思想道德教育上了生动的一课。

2009年，浙江省志愿工作服务委员会、共青团浙江省委和浙江省志愿者协会联合颁发的“2008年度浙江省优秀志愿服务集体”奖状和奖牌授予“春百合志愿者”团队，24名志愿者被共青团德清县委员会授予星级志愿者荣誉称号。

2010年12月，周连海当选“感动湖州——2010年度人物”；2011年5月22日，中央电视台《朝闻天下》“建党90周年”专栏《红旗飘飘》栏目，以《周连海：轮椅上绽放的“春百合”》为题，专题报道了周连海的闪光言行。

孟郊故里拥军情

“慈母手中线，游子身上衣。”一首唐诗《游子吟》感动天下人。德清，诗人孟郊故里，乃“人有德行，如水至清”之地，自古民风淳朴，宅心仁厚。早在2001年，就出现了钱立铃这样的“全国爱国拥军模范”，十年间进西藏12次，慈母般地关爱当代德清籍军人，足迹还遍及新疆、甘肃、宁夏、青海、山东等地部队军营。深深感召和带动一大片社会热心人士踊跃投身拥军行列。“点燃一盏灯，照亮一大片”，一股感人的拥军热潮迅速在德清大地上形成，拥军模范高尚的道德情操也深深地影响着德清民众。

2003年，一个普普通通的德清退伍兵，一个家庭经济并不富裕的打工青年，用自己辛苦挣来的钱设立了一个“志国拥军奖”，奖励为国防事业作出特殊贡献的军人和家属。他叫刘志国，生于1971年，德清三合乡朱家村人，人长得普普通通，毫不起眼。父亲刘德金当过兵，给儿子取名志国。1990年3月，19岁的刘志国和全县25名适龄青年共赴军营，踏上了新的人生旅程。1992年6月，刘志国加入中国共产党，同时，受到部队嘉奖。1992年12月，刘志国被部队记三等功一次。1993年12月，刘志国完成部队三年服役，告别军营，退伍回家乡。

1998年，长江流域发生特大洪灾，数十万人民子弟兵奔赴抗洪第一线，不少战士还为此付出了年轻的生命。而后方的军属们，不遗余力地支持着他们。刘志国想，军属和亲人理应得到更多的关怀和奖励。他的心中萌发出设立一项拥军奖的念头。2002年初，刘志国有了一定的经济基础后，便向家里说出设立“志国拥军奖”的想法。经过他反复耐心解释，家里人一致同意。妻子陈伟芬说：“你一心想设立“拥军奖”，我决不拖你后腿，今后我会全力支持你的。”

“志国拥军奖”颁奖现场

2002年9月19日，在当地有关部门的帮助和支持下，刘志国把几年来打工辛辛苦苦省下的10000元钱，存进武康信用社开设了“志国拥军奖”专户账号，全国首位由打工青年设立的“志国拥军奖”诞生了。

刘志国在当地县、乡人武部、民政等部门的指导下，专门制定了《“志国拥军奖”章程》。《章程》规定：“志国拥军奖”主要奖励在部队服役、荣立三等功以上的德清籍现役军人家属。奖金从

"志国拥军奖"的账号中支出，账户上不足10000元时，由他本人补足10000元。同时，他还邀请县、乡人武部领导和当地新闻媒体记者组成"拥军奖"评委、监委。2003年1月22日，首届"志国拥军奖"颁奖仪式在德清县人武部举行。县人武部、民政局的领导以及当地新闻记者参加颁奖仪式。为13位现役军人家属颁了奖，其中1名二等功臣，12名三等功臣。

获奖者家属代表、三合乡的章卫东说："能获得这个奖，既是我儿子的光荣，也是我们全家的光荣，我要告诉儿子在部队好好工作，为国防现代化建设作出更多的贡献，争取再立新功。"

刘志国说："我的举动只是抛砖引玉，希望更多的有识之士前来加盟，使'拥军优属'活动在全社会进一步形成良好的氛围。"截止2009年底，共颁发"志国拥军奖" 6届，有142人次获奖。这个奖项虽然只是一个"草根奖"，奖励金额也不大，但却大大激励了广大德清籍现役军人献身国防事业、积极建功立业的热情。刘志国也被评为"浙江省爱国拥军模范"。当奖金出现困难时，许多群众纷纷参与，王益民送来2000元，葛芝芳、郑荣根送来2000元，还有不知名的群众悄悄往基金账户上打了1000元…… 如今，共有24名群

“益民报国奖”颁奖现场

众加入，“志国拥军奖”基金已超过30万元。

“益民报国奖”由浙盟灯饰武康店总经理王益民个人出资10000元设立的，主要奖励德清县高中毕业生考取军事院校及德清籍现役军人（含驻德清部队军人）考取军事院校或士官学校的有志青年。2007年设立“益民报国奖”，已颁发2届，共有21人次获此奖。王益民认为：现代化国防需要更多的优秀青年。希望更多的德清青年报考军事院校，为科技强军贡献青春。

王益民是中共党员。多年来，一直尽自己的力量关心德清籍战士和驻德官兵。2003年8月，当王益民得知德清籍西藏兵夏忠伟家境非常困难、妹妹面临辍学，而父母又一筹莫展，及时为这户特困军属家庭提供经济援助，给他们送去了暖暖的拥军之情。为了让夏忠伟在军营里安心服役，王益民连续三年给夏家送去1000元人民币，给予经济资助。

2005年夏，一次暴雨袭击后，莫干山雷达连营房照明灯全部故障，给官兵日常生活造成极大不便。王益民闻讯后，顶着炎炎夏日，带上价值数千元的电子节能灯和慰问品，上莫干山雷达连。当他把一盏盏明亮的灯安装在每间营房时，官兵们激动地紧紧握着王益民的手，连连说："谢谢，谢谢！"

徐燮荣是湖州市拥军模范，2003年，在"拥军大姐"钱立玲的带领下，身体残障的老徐也加入到拥军行列。多年来，他与钱立玲一起，逢年过节都要带上慰问品和慰问金，到莫干山雷达连、德清消防大队、德清武警中队等地慰问驻德部队官兵。2003年"建军节"，钱立玲带领拥军群众代表前往莫干山雷达连慰问，徐燮荣放下繁忙的生意随行。这是徐燮荣第一次走进军营。细心的老徐了解到，每年春节临近大雪封山时，部队官兵一连几个星期都吃不上新鲜蔬菜。每当大雪封山时，徐燮荣就顶风冒雪把新鲜鱼肉和蔬菜及时送到军营。这年，刚下过一场冬雪，上山道路结了厚冰。在离军营500多米处，路滑车子实在动弹不得，徐燮荣在雪地上一步一滑地走向部队营地，短短500多米的路程，他却走了两个多小时。当徐燮荣出现在官兵们面前时，大家激动地握着他的手，眼眶湿润了……

2007年，徐燮荣到西藏看望德清籍战士，在藏期间，强忍着严重的高原反应和缺氧的痛苦，迈着残疾的双腿，克服常人难以想象

德清民间拥军模范慰问驻德部队官兵

的困难，登上了海拔5000多米的唐古拉某边防哨所，还到达了中印边境某炮团，那曲军分区某生产营等军营。每到一处，都给部队官兵带去慰问金和慰问品。他的深情厚谊让驻藏官兵激动不已。在中印边境某炮团，团政委握着徐燮荣的手说："您是一位残疾人，应该让我们多关心和帮助您，但您还到雪域高原来慰问我们，让我们真切体会到社会各界对我们军人的关爱，也让我们更加坚定了为保卫祖国奉献自己一切的决心！"

在这些"拥军模范"感人事迹的影响下，德清拥军故事层出不穷。武康宏大电器有限公司经理邱建林为丰富住德部队官兵业余文化生活，把价值6000元的两台电视机和一套音响设备及DVD送到莫干山雷达连，同时还购买2000多册《军歌嘹亮》和《长征组歌》，送给驻德部队和德清县老干部局、学校、社区等单位。邱建林自从踏上拥军之路，逢年过节，不仅慰问驻德部队的官兵，同时还特别关心特困军属的生活，为他们送上家电、生活用品及慰问金等。武康永兴社区白月清主动找到县民政局，要求结对4户困难军人家庭，尽自己的一点微薄之力，表达对人民子弟兵的敬意。

武康龙山七旬老人蔡永法义务为烈士守陵40载。从上世纪七十年代初开始，蔡大爷便义务守护位于武康龙山的革命烈士陵园，这里安息18位在解放德清战争中献出生命的年轻战士。蔡大爷不仅守护烈士陵园，还通过走访革命老战士、收集史料等办法，复原了18位烈士牺牲的那场战斗的故事。40多年来，每年的清明前后，他都义务清扫、维护烈士墓碑，并义务为前来扫墓的学生、驻德官兵讲解那段难忘的历史，鼓励人们珍惜今天来之不易的生活。1970年至今，听取蔡大爷老人义务讲解、接受爱国主义教育的学生和社会各界人士超过2万余人次。

武康老年腰鼓队慰问子弟兵

为了让来自五湖四海的年轻战士能像在家里一样过端午节，胡爱英大妈从2003年开始，每年端午节都会自己亲手包粽子、腌咸鸭蛋送到驻德部队官兵手中。虽然战士们换了好几茬，但胡妈妈的拥军热情一点不减，官兵们都亲切地叫她“军妈妈”。

2009年夏天，德清县城街头出现了一支“美都敬老拥军车队”，有爱心的出租车司机也积极加入到拥军队伍行列中来。德清民间还涌现出无数热心拥军人士，他们是周斌、顾腾云、王彦芳、钱安华、叶法、周玲娣、沈华英、季卫刚、钱文莉、李晓青、邹美琴、陈亚萍、黄卫平、戚琴芳、葛芝芳、沈建芬、郑荣根、杨贵芬等等。自2004年始，他们多次慰问驻德部队官兵，为部队送上太阳能热水器、冰箱、微波炉电器设备。逢年过节，他们都上部队慰问官兵，送上新鲜水果和鱼肉，他们已成为德清民间拥军的中坚力量。

每年“八一”建军节，一支“夕阳红拥军腰鼓队”一路敲响欢乐腰鼓，从永安街到德清消防大队警营，阵阵鼓声传递了对人民对子弟兵的热爱，阵阵掌声表达了子弟兵对老百姓的感激。孟郊故里德清大地上，经常上演一幕幕“军爱民、民拥军”的感人场景，正是德清民间这股浓浓的拥军热潮温暖了驻德部队官兵们的心，让远离家乡和亲人的子弟兵感受到德清人民真诚的关爱之情。

励志助学，善莫大焉

德清自古为文化礼仪之邦，尊师重教蔚然成风。特别是近年来“民间励志助学”之风盛行，为德清“人有德行，如水至清”的诠释注入一股“道德”活水，励志助学，善莫大焉。

2005年，德清拥军大姐钱立玲自费出资奖励基金人民币1万元，设立“立玲残疾学子励志奖”，为考取一类本科、二类本科和三类本科的德清籍残疾学子，一次性奖励1000元、500元或300元；凡特困残疾人家庭考上大学的子女也给予相同的奖励，至今已颁3届，共有19名学子喜获奖励。

“立玲残疾学子励志奖” 颁奖现场

“我女儿从小残疾，作为母亲我深深感受残障孩子母亲的艰辛。设立这个奖，主要有两个目的：一是希望残疾学子能够自强不息，将来为社会多做贡献；二是希望社会上有更多热心人士能够关心这些弱势群体。”当有人问及设立残疾学子励志奖的初衷时，钱立玲这样回答。

钱立玲的女儿丁家宁自幼不幸残疾，她为母亲的助残义举感到骄傲和自豪。丁家宁清清楚楚记得在自己成长的道路上，社会上有无数好人曾给她关爱与鼓励，伴她健康成长。残疾学子好比是破土前的一棵小苗，虽然以前或许就受到了损伤，但残缺的小苗只要有同样的阳光、空气和水分，他们照样可以长成参天大树。

人们对钱立玲的拥军事迹耳熟能详，其实她更早奉献爱心就是助残。设立“残疾学子励志奖”仅仅是钱立玲爱心助残的一部分。近十年来，钱立玲曾无私帮助过无数残障人士：家庭特困考上浙工大的残疾学生王珊、儿子弱智丈夫遭遇严重车祸的工友邓少霞等等……

李阿铁是钱立玲第一位帮助过的残疾人，回忆起多年前钱大姐对他们一家的帮助，李阿铁至今仍记忆犹新。“我从小就高位截瘫，无自理能力。十年前加上哥嫂又双双下岗，生活极其困难。正当全家一筹莫展之时，多亏了钱大姐伸出援助之手。不仅带来慰问金，还十分关心我的生活起居。在她的帮助下，社会上的热心人士纷纷伸出援手，帮我们渡过了难关。”李阿铁说起往事热泪盈眶。

2007年，落户德清临杭工业园区的中球冠集团热心社会公益，公司总裁任文达决定出资3万元设立“文达励学助教奖”基金，以激励学业优秀的贫困学生，提高教师工作积极性。奖励优秀学生20名、贫困学生20名，每人各奖500元；10名优秀教师，每人各奖800

元。至今已颁奖二届，社会反响热烈。

同年12月22日，德清县第十期中青班全体学员出资1万元奖励基金设立“蒲公英助学奖”，用于资助和奖励全县外来人员家庭的优秀学子20名，每人奖励为100至500元。2008年7月首次颁奖，有20名优秀学子得到助学嘉奖。

2009年，武康市民陈亚萍为实现“建立一个关心、帮助贫困儿童的平台，汇聚更多的社会热心人士关爱贫困儿童”的初衷，自费设立“亚萍春苗奖”，每年扶助10名困难儿童。5月首次颁奖，有10人喜获“亚萍春苗奖”。

2010年5 月27日，德清禹越镇徐家庄中心小学五年级三班刘朋飞同学脸上洋溢着灿烂的笑容。今年12岁的刘朋飞同学自幼跟随父母来禹越镇至今已有八年。望着孩子手捧“三星外来学子奖”奖学金，父亲刘西丰说：“孩子在这里上学，我们工作也安心，他能获得这个奖，我们为他高兴。”

在颁奖仪式上，江西籍的刘朋飞与来自云南、四川、河南、安徽等地的11名优秀外来学子一起获得了“禹越镇十二佳外来学子”荣誉称号，并得到了“三星外来学子奖”500元奖金。“在这里上

“三星外来学子奖”颁奖现场

学真幸福！我会把禹越当作自己的家，和亲爱的同学相互关心、一起进步！”刚拿到浙江三星塑化有限公司总经理杨敏亲自发放的奖学金，来自广西的女孩陈娟迫不及待地向记者说出了自己的获奖心声。

“三星外来学子奖”是由浙江三星塑化有限公司总经理杨敏出资设奖励基金1万元，资助禹越镇品学兼优的外来人员贫困学生，每年奖励10人，每人500元。今年是连续3年在“六一”前夕举行“三星外来学子奖”颁奖仪式，教育和激励优秀外来学生，帮助他们努力学习、快乐生活、健康成长。

发扬人道主义，弘扬社会爱心公益，以保证那些今天生活在物质贫乏之中的孩子们，能够有健康成长的机会。德清这些民间励志助学之善举，将点亮莘莘学子的人生梦想和希望……

参观“道德馆”

今天（2009年12月5日）下午，去参观了德清县公民道德教育馆。该馆是于10月21日上午举行了一个简单的仪式后正式对外开放的，它以身边榜样教育型为特色，旨在展示当代德清人自己的道德风采。据说以道德为主题的场馆供民众参观、教育民众，这在全国尚属首次，媒体称之为“中国第一个展示道德人物的公民道德教育馆”。

德清，地处杭嘉湖平原。它由原德清、武康两县于1958年合并而成。武、德两县历史悠久，人文荟萃。在其深厚的历史文化底蕴中，崇文、尚义、重孝、讲究仁德是一大传统。民间有“人有德行，如水至清”之说。相传在晋元帝时，车骑将军孔愉途经余不亭，见一乌龟被囚于笼中，买之放入余不溪。乌龟几次向左掉过头望着孔愉，感谢恩人。后人为彰显孔愉善举，在此建左顾亭。宋时，葛应龙写《左顾亭记》，称：“县因溪而尚其清，溪亦因人而增其美，故号德清。”千百年来，流传着沈约的博闻好学、麟士的拒官重教、孟郊的游子吟孝……等等故事，他们的事迹一代又一代相传不绝。

时至现代，既有抗战时期沈廷雄少年的舍身换兄，又有陆松芳老人的倾囊赈灾；既有蒋引娣克己二十年的守信还债，又有钱素春救回二十多条人命的舍生忘死……近年来,德清先后由百姓自行设立了22个民间“草根奖”、举办文明五星等活动，使“文明道德之花”深入民间、开遍城乡。全县至今已培育和树立起各类先进典型5000余人，成为全国精神文明建设的一大亮点，2008年被中央文明委评为全国文明县城。

如何充分利用这些“民间财富”，让道德典型效应最大化、常态化，教育感染全县人民？2009年初，德清县开始筹建全国第一个展示道德人物的公民道德教育馆（简称道德馆）。展馆的筹建得到了社会各界人士的大力支持，从办馆创意到馆址选择，从征集先进典型到写陈列大纲，从展区设定到图片挑选，得到了群众的积极配合。

说起来，真的很惭愧，我作为离余英坊不远的“邻居”，竟拖了一个多月才了却自己的心愿。

下午一点，我骑车到达余英坊，可转了几圈也没有找到地方。没办法，只好打电话给老朋友咨询，原来道德馆位于余英坊49幢。明确了方位，一找就到。因为上班时间还没有到，我走到馆前时还是“铁将军”把门。好在馆外也布设了许多材料，可容我先“品味”起来。

工作人员是准时开门的。待她打开灯光及相关设施后，我独自一人进去参观。馆内，设有敬业之道、爱家之德、立人之品、乐善之行和道德建设五个展区。内容主要有20多位德清有名有姓的道德典型，通过文字、图片、影像、实物资料等形式展示。展馆着重介绍了赵来法、许勋等人的敬业奉献精神，封丽娟、黄国强等人的爱家重孝行为，以及陆松芳的倾囊捐赠、蒋引娣的守信还债、钱素春的舍命救人和马福建的敬老、钱立玲的拥军、民间设奖人的善举……这些都是我在以前当地媒体上看到过的人物和事件。但今天看来，把它们综合了起来，感觉上就是一个“大餐”，十分的丰富，很受感动。

另外，馆内还展示了“千百读书”、“欢乐德清”、“游子文化”、“文明五心”等德清特色的公民道德建设成果。同时，考虑到参观的实效性，道德馆还设有观众宣誓、留言等互动内容，可开展教育实践活动。通过大屏幕可举行入队、入团、入党等仪式，进行道德宣誓等活动，还可通过ppt课件演绎，在互动区举办队课、团课、党课等，接受道德的洗礼。设计者考虑得更周全的是为使闭馆期间也能让周围的群众了解展馆内容，展馆一改常规的封闭性式样，利用房子的前后走廊，部分墙体换成了落地玻璃，一天24小时都能向观众展示。

我看了将近一个小时，出来时，已经有二十多人，这是我事先没有想到的，但这正好说明了在德清这个地方为什么“道德之花”能开得这样盛艳。正如展板文字所言：道德，是一种精神力量，使人心灵纯净，通向善行；道德，相互感染，引人向上。

（吴越防风）

“道德之乡”老人爱心多

德清，位于杭、嘉、湖西部腹地，人口只有42万多，就是这样一个精致的小县，却富含大爱之道，近年来成了远近闻名的“道德之乡”。“人有德行，如水至清，故号德清！”（宋代葛应龙）正如县名“德清”两字的含义，县如其名。德清县自古以来崇尚仁义道德，留下了许多脍炙人口的道德佳话和善行故事。德清籍唐朝诗人孟郊一首《游子吟》，孝道天下，流传千古。全国两届“道德模范评选”，德清连续两次名列榜中，为全国罕见。

56岁的钱素春，是德清县武康镇居仁社区的一位普通市民。她一共救起了21个落水者，从不图回报，实在拒绝不了才象征性地收下3元、5元，最多一次收了30元。几十年来共收到380元感恩款，全放在储钱罐里，后捐赠给了慈善机构。2004年9月央视《讲述》栏目以《储蓄罐里的生命》为题报道了钱素春37年来救人的事迹；2005年8月，中央电视台授予她“见义勇为舍己救人奖”；2007年获得全国道德模范提名奖。

79岁的陆松芳，是德清县新市镇一位普通老农，家徒四壁。靠送煤饼为生的他，却在汶川地震后，一下捐出了11000元。这些钱，他不吃不喝，需要两年时间拉完50万斤煤饼才能赚到。老人的义举绝不是一时冲动，他一直都在默默无闻做好事。老人的事迹传开后，当地一个企业家聘其为名誉职工，不上班每月工资千元，被他拒绝了。老人唯一的愿望，是能够帮助更多的人。小人物的大爱和真情感动了社会。老人先后被评为2008年度真情人物、“感动中国”2008年度候选人、“责任中国”之“十大责任公民”网上投票第一名，同样获得2008年度全国道德模范提名奖。

22个“草根奖”、文明五星等群众性活动，使文明道德之花深入民间开遍城乡。“草根奖”是德清县的一大创举，自发于基层，扶植在政府。

第一个民间出资设奖出现在1997年，事出当事人看不惯“敬老不足、爱幼有余”的社会现象，是一个劝导村民敬老爱老的“孝敬父母奖”。随后“天荣环保奖”、“志国拥军奖”、“溪水交通安全奖”、“正良外来人员风尚奖”、“立玲残疾学子励志奖”等奖相继诞生。对这一新鲜事物，德清县积极扶植，专门成立了民间设奖管理指导小组，指导成立了民间设奖协会，对民间设奖活动进行了指导、规范，培育和扶持，使得这股民间设奖新风在民风纯朴的德清大地蓬勃兴起。到目前止，累计已有22个不同奖项，共有获奖民众3000多人次。新的民间设奖还在孕育产生。

通过经常性民间设奖、评奖、颁奖活动，极大地丰富了全社会崇尚公道、尊老敬老、重视科教、注重环保等公民思想道德建设的思想内涵，引起了省内外的关注，2007年德清县民间设奖走进央视新闻会客厅。浙江省委宣传部在2007年全省基层宣传思想工作“三贴近”创新奖评比中，德清县委宣传部推荐的“德清‘民间设奖’评出道德新风”名列10个创新奖中的第二名。

为让道德典型效应最大化、常态化，教育感染和全面带动全县人民，2010年初，德清县开始筹建全国第一个展示道德人物的公民道德教育馆。10月21日上午，这个以身边榜样教育型为特色的德清县公民道德教育馆正式建成开放。

占地400平方米的“道德馆”位于武康镇余英坊，设有敬业之道、爱家之德、立人之品、乐善之行和道德建设五个展区，首期入馆的有20多位当地有名有姓的道德典型，通过文字、图片、影像、实物资料等形式展示。

“道德馆”目前已成为青少年爱国主义教育基地和市民参观学习道德典型的阵地。由于人在身边、事在当代，可学性强，德清县委决心在进一步倡导文明、推进社会进步过程中，把这里打造成人人敬仰的道德高地、培养和提升市民精神文明的又一个教育平台。

（湖州市老龄办 李银国）

德清民间设奖协会会员简介

马福建

男，汉，籍贯德清，1959年3月出生，中共党员，莫干山老年乐园党支部书记、院长。

荣誉：全国十大社会公益之星、全国十大孝子、全国扶助残先进个人、“葆春杯”中华孝亲敬老楷模提名奖、全国养老机构优秀院长、浙江省十佳助残、扶残模范；浙江省十佳孝心子女、浙江孝子、“华液杯”十大慈善之星、湖州市敬老助老先进个人、湖州市“孝心好儿女”、湖州市“国检杯”时代新农民、市级优秀共产党员（2002年）。

1997年设立孝敬父母奖，两年一次，已颁发六次，共50人获奖。

朱天荣

男，汉，籍贯德清，1933年1月出生，中共党员，德清百货公司退休。

荣誉：浙江省劳模（1958年）、香港地球之友中国荣誉会员、获北京第一届中国公益事业发展研讨会“公益使者”（2001年）、北京第二届爱我中华大家行“中华爱国之星”（2002年）、“湖州市优秀少先队志愿辅导员”（2002年）、当代中国最具有社会影响力英模人物（2007年）、浙江省老有所为奉献奖、浙江省绿色公益使者、湖州市“文明五心”活动的“热心好长者”、市级优秀共产党员（2007年）。

2001年设立天荣环保奖，一年一次，已颁发八次，共350人获奖。

刘志国

男，汉，籍贯德清，1971年5月出生，中共党员，初中学历，德清县志国船舶修造有限公司经理。

荣誉：浙江省拥军模范。

2002年设立志国拥军奖，一年一次，已颁发七次， 共142人获奖。

童溪水

男，汉，籍贯建德，1971年7月出生，中共党员，德清县公安局交警大队莫干山中队副队长。

荣誉：浙江省公安厅二等功、浙江省优秀人民警察、湖州市首届十大优秀青年、湖州市首届爱心好市民、湖州市人民满意政法警察、湖州市优秀人民警察、湖州市王法金式好交警。

2002年设立溪水交通安全奖，两年一次，已颁发三次， 共27人获奖。

斯正良

男，汉，籍贯东阳，1958年3月，中共党员，德清县正良机械服务有限公司董事长。

荣誉：东阳市“特殊贡献奖”（2005年）、东阳市政府贡献奖

（2006年）、第三届中国公益楷模（2006年）、湖州市“爱心好市民”（2006年）、中国公益事业杰出贡献奖（2007年）、中国世纪大风采奖（2007年）、中国世纪大风采十佳英才人物奖（2008年）、浙江省民营企业英才奖（2008年）。

2003年设立正良外来人员风尚奖，一年一次，已颁发六次，共39人获奖。

钱立玲

女，汉，籍贯浙江，1959年9月出生，中共党员，浙江仪表有限公司退休。

荣誉：全国爱国拥军模范、浙江省三八红旗手、湖州市爱国拥军模范、湖州市十佳拥军优属明星、湖州市首届十大杰出女性。

2005年设立立玲残疾学子励志奖，一年一次，已颁发四次，共29人获奖。

徐燮荣

男，汉，籍贯德清，1965年12月出生，中共党员，武康大洋水产经营户。

荣誉：湖州市爱国拥军模范、湖州市残疾人自强创业模范提名奖。

2006年设立燮荣见义勇为奖，一年一次，已颁发五次，共30人获奖。

钱素春

女，汉，籍贯兰溪，1953年3月出生，退休。

荣誉：全国道德模范提名奖、浙江省道德建设先进个人奖、湖州市十佳爱心好市民奖。

2006年设立热心好市民奖，两年一次，已颁发两次，共11人获奖。

余运来

男，汉，籍贯安徽，1968年7月出生，预备党员，浙江众和建设有限公司项目经理。

2006年设立运来非遗保护传承奖，两年一次，已颁发两次，共

11人获奖。

钱海平

男，汉，籍贯德清，1978年11月出生，中共党员，升华集团有限公司副总经理。

2007年设立海平和谐家庭奖，一年一次，已颁发三次，共30人获奖。

王根连

男，汉，籍贯德清，1958年2月出生，中共党员，浙江清溪鳖业有限公司董事长。

荣誉：全国科普惠农工作带头人、浙江省劳模、十届省人大代表、浙江省农业科技先进工作者、湖州市农业科技突出贡献奖、湖州市突出贡献专业科技人才、湖州市十佳创业新星。

2006年设立清溪创业新农民奖，两年一次，已颁发两次，共6人获奖。

忻金山

男，汉，籍贯德清，1933年2月出生，乾元镇养殖大户。

荣誉：湖州市首届时代新农民。

2007年设立带头致富奖，两年一次，已颁发一次，共7人获奖。

朱小松

男，汉，籍贯德清，1965年11月出生，中共党员，新安镇下舍卫生院院长。

2007年设立医德医风奖，两年一次，已颁发两次，共8人获奖。

俞小红、陆小丽

俞小红，女，汉，籍贯德清，1966年2月出生，预备党员，精雷电器有限公司总经理助理。

陆小丽：女，汉，籍贯德清，1973年5月出生，预备党员，精雷电器有限公司财务总监。

2007年设立丽红巾帼创业奖，一年一次，已颁发四次，共40人获奖。

任文达

男，汉，籍贯杭州，中球冠集团有限公司董事长。

2007年设立励学助教奖，一年一次，已颁发四次，共110人获奖。

胡娟红

女，汉，籍贯浙江，1971年8月出生，中共党员，浙江世佳科技有限公司董事长。

2007年设立爱心帮扶奖，两年一次，已颁发两次，共18人获奖。

女企业家联谊会

2007年设立花木兰爱心奖， 一年一次，已颁发两次，共30人获奖。

王益民

男，汉，籍贯德清，1966年6月出生，中共党员，德清县武康浙盟灯饰总经理。

荣誉：湖州市爱国拥军模范。

2007年设立益民报国奖，一年一次，已颁发三次，共40人获奖。

德清县委党校第十期中青班学员

2007年设立蒲公英助学奖，两年一次，已颁发一次，共30人获奖。

杨敏

男，汉，籍贯德清，1983年9月出生，中共党员，“三星”塑化有限公司总经理。

2008年设立三星外来学子奖，一年一次，已颁发三次，共32人获奖。

童晓晔

女，汉，籍贯德清，德清通和塑料研究所经理。

2009年设立晓晔爱心奖，一年一次，已颁发两次，共20人获奖。

陈亚萍

女，汉，籍贯浙江。

2009年设立亚萍春苗奖，一年一次，已颁发一次，共10人获奖。

陆松芳

男，汉，籍贯德清，1931年出生。

荣誉：年度真情人物（2008年）、“感动中国”年度候选人（2008年）、“责任中国”之十大责任公民（2008年）、浙江骄傲年度致敬人物（2008年）、全国道德模范提名奖（2009年）、首届浙江省助人为乐道德模范（2009年）。

2009年设立松芳助人为乐奖，两年一次，已颁发一次，共6人获奖。

蒋引娣

女，汉，籍贯德清，1951年出生。

荣誉：感动湖州最具影响力人物（2007年）、首届浙江省诚实守信道德模范（2009年）。

2010年设立诚信市民奖，两年一次，已颁发一次，共6人获奖。

德清民间设奖协会会员合影

“做一个有道德的人”倡议书

全省广大公民：

向道德模范学习，做一个有道德的人，共同建设美好家园，既是我们的承诺，又是我们的责任。我们倡议：

一、学习道德模范，做一个助人为乐的人。社会是一个大家庭，营造团结和谐的人际关系，需要每一个公民共同付出努力。让我们学习道德模范与人为善、助人为乐的美德，真情实意地去尊重他人、关心他人，倾心倾力地去扶贫帮困、关注公益，积极热情地去参与各类志愿服务活动，共同建设我们温馨和谐的家园。

二、学习道德模范，做一个见义勇为的人。扬善抑恶、见义勇为是中华民族的传统美德，当今时代更需要凛然正气、无私无畏的精神。让我们学习道德模范勇担责任、匡扶正义的美德，敢于同不法行为和不正之风作斗争，勇于在国家、集体利益和人民生命财产安全受到威胁的关键时刻临危不惧，挺身而出，共同建设我们公平正义的家园。

三、学习道德模范，做一个敬业奉献的人。建设富裕和谐的社会，特别需要求真务实、奋发图强的敬业精神。让我们学习道德模范爱岗敬业、无私奉献的美德，怀着恭敬、严肃、负责的虔诚之心，在各自的岗位上，恪尽职守，勤奋工作，勇于创新，积极创业，共同建设我们富足幸福的家园。

四、学习道德模范，做一个诚实守信的人。人无信不立，信以诚为先。构建坦诚相待的和谐的人际关系和良好的生产生活秩序尤其需要诚实守信的精神。让我们学习道德模范诚信为本、操守为重的美德，不断加强诚信意识，讲信用、重信誉、守诺言，老老实实、坦坦荡荡做人，实实在在、勤勤恳恳做事，共同建设我们诚信友爱的家园。

五、学习道德模范，做一个孝老爱亲的人。“老吾老以及人之老，幼吾幼以及人之幼”，这是泱泱华夏的传统美德。让我们学习道德模范充满爱心,孝老爱亲的美德，做到孝敬父母，敬重长辈；做到夫妻和睦，互敬互爱；做到亲子爱子，为国教子；做到以爱律己，以厚待人，相互礼让，和衷共济，共同建设我们和睦美好的家园。

让我们携起手来，不分男女老幼，不论身份职业，从自我做起，从现在做起，从小事做起，争做一个有道德的人。

浙江省总工会

共青团浙江省委

浙江省妇联

2009年9月25日

媒体聚焦：

德清现象

看，身边人的“精神档案”

21日，一家展示身边“小人物”道德风采的“道德馆”，在浙江德清揭牌了。

当天，受邀而来的道德模范成了参观者追捧的“明星”。76岁的老人朱天荣被参观者团团围住，要求在开馆首日封上签名。作为当地著名的“环保爷爷”，老人不仅用自己积攒下来的1万元钱作基金设奖来奖励环保者，还常和老伴一起自费到工厂、学校宣传环保。“老人家常来我们学校给孩子讲课，看到他特别亲切。”53岁的教师章铁武说。

湖州市领导与道德模范一同参观公民道德教育馆

12岁的吴梦鋆在现场收集了10多位道德模范的签名。她告诉记者，在“道德馆”的展品中，自己最难忘的是一辆装满煤球的平板车。这辆车的主人叫陆松芳，以拉煤为生，生活清苦。汶川地震发生的第三天，老人向灾区捐出了11000元。事实上，赚这笔钱，老人要拉两年多的煤。“这些签名非常有纪念意义，他们是我学习的榜样。”吴梦鋆说。

“引寿5000，荣仙8000，双毛29000……”一张写满名字和数字的香烟壳，则让小学生刘璐瑶对“诚信”二字有了具象的认识——

这是德清县一位农妇蒋引娣用来记债的，她之前做小生意失败，欠下24万元，后来靠养猪赚钱，用了10年还清债务——“听讲解员说，这个阿姨钱在手里还没拿热就去还给别人，我要向她学习讲信用。”

“人有德行，如水至清”，德清县名蕴含道德含义。事实上，来自民间的道德力量也非常深厚，近年来，22个普通老百姓自己拿钱设立了“草根奖”奖励老百姓，全县涌现出各类公民道德先进典型5000多人，其中两人先后获全国道德模范提名奖。

当地宣传部门负责人告诉记者，公民道德教育馆就像当地的“精神档案”，展馆一改一般展馆的封闭性，而是充分利用了房子的前后走廊并在周围安装了落地玻璃，使“道德馆”一天24小时向观众展示。

（2009年10月22日《人民日报》/记者余靖静）

德清创办全国首家道德馆

本报德清10月21日专电　在汶川大地震发生后，有一位78岁的老人，向灾区捐出了自己的11000元积蓄。这位老人以拉煤为生，11000元积蓄需要拉50万斤煤。他因此而入选“感动中国”、“真情人物”、“浙江骄傲”。

21日，这位名叫陆松芳的“全国道德模范提名奖”获得者的事迹进了浙江德清的“道德馆”。与陆松芳一起进“道德馆”的，还有另一位“全国道德模范提名奖”获得者钱素春，以及20位德清百姓公认的民众楷模。

德清县委书记王勤告诉记者，创办全国首家公民道德教育馆，旨在展示百姓自己的道德风采。她认为，在信心比黄金更贵重的今天，展示草根楷模的优秀事迹和高尚情操，是传递精神文明的极佳平台。

德清是《游子吟》作者孟郊故里，历来民风纯朴，崇尚仁义道德，留下了许多脍炙人口的道德佳话和善行故事。1997年，该县平民马福建自费设立了“孝敬父母奖”，在全县引起强烈反响。12年来，当地民间每年都有新设立的“草根奖”，至今共设立了“草根奖”22个，覆盖了孝敬父母、环境保护、交通安全、见义勇为、励志助学等多个方面，形成了“百姓设奖奖百姓”的道德新风。

“道德馆”位于德清县城，设有敬业之道、爱家之德、立人之品、乐善之行和道德建设五个展区，入馆的20多名典型都是德清当地百姓公认的道德楷模。他们的善举彰显了道德的力量。“道德馆”还设有观众宣誓、留言等互动内容，可生动开展教育实践活动。

（2009年10月22日《文汇报》/驻浙记者万润龙 通讯员李剑民）

人有德行如水至清——德清开出公民道德教育馆

本报德清10月21日电　今天，“德清县公民道德教育馆”开馆。该馆通过文字、图片、影像、实物资料等形式，讲述一个个德清民间“道德模范”的故事，彰显道德的力量。

上午，德清公民“道德模范”钱素春、马福建、陆松芳等，成为展馆里百姓追逐的大明星，人们纷纷与他们签名拍照留念。

德清自古以来崇尚仁义道德，留下了许多脍炙人口的道德佳话和善行故事。这两年，钱素春、陆松芳两位德清县普通市民先后获“全国道德模范”提名奖。22个民间“草根奖”朴素而崇高，文明

湖师院学生参观公民道德教育馆

道德之花开遍德清大地，全县民间已经涌现公民道德先进分子5000余名，成为我省乃至全国的一大亮点。

为深入宣传道德先进典型，进一步以身边的榜样教育感染德清人民，今年初德清县开始筹建展馆，并得到了社会各界的大力支持。

位于武康镇余英坊上的道德教育馆，设有敬业之道、爱家之德、立人之品、乐善之行和道德建设5个展区。20多名典型人物故事，将德清人的道德善行和道德传统，浓缩在展馆之中。

（2009年10月22日《浙江日报》/记者刘慧）

浙江德清谁成榜样谁进馆展示

本报讯 10月21日上午，以身边榜样教育为特色的德清县公民道德教育馆建成开放。今年初，德清县开始筹建全国第一个展示道德人物的公民道德教育馆（简称道德馆）。

占地400平方米的“道德馆”位于武康镇余英坊，设有敬业之道、爱家之德、立人之品、乐善之行和道德建设五个展区，首期入馆有20多位当地有名有姓的道德典型，通过文字、图片、影像、实物资料等形式展示。

（2009年10月22日《现代金报》/通讯员李剑民 记者徐佳菁）

首个道德馆德清开门

本报讯 德清县公民道德教育馆，最近开门迎来了第一批客人。这个用文字、图片、视频等方式，以我们身边“小人物”的事迹体现“大道德”的道德馆，在全国还是第一个。整个展馆设有敬业之道、爱家之德、立人之品、乐善之行和道德建设5个展区，共“入住”了20多名典型人物，不是大名人，全都是德清的普通百姓。

79岁的陆松芳老人，每天靠拉煤为生，拉一百斤的煤只能赚到两块钱。而在去年四川发生大地震的时候，他却向灾区捐了1.1万元。要知道，这是他拉了两年煤积攒下来的；道德楷模马福建，全国首个民间“孝敬父母奖”的设奖人。在他的影响下，德清又先后设了21个草根道德奖项，奖励基金都在1万元左右。钱不多，但都是老百姓自己掏钱奖励有道德的人。在榜样们的影响下，德清县涌现出各类公民道德先进典型5000多人，其中两人先后获全国道德模范提名奖。

近日参观道德馆的第一批客人中，有来自武康英溪小学的几十位同学。六年级的刘思瑶说，学校里有一堂品德与社会课，但没有像到道德馆现场上课来得生动。尤其是，开馆当天还有这20多名典型人物亲临现场。同学们拿着开馆的首日封，到处找草根英雄们签名，比追星的场面还要火。

道德馆的主题“人有德行，如水至清”，也是德清县名的由来。德清道德馆从创意的提出，到展馆的建成只花了7个多月的时间。当地宣传部门表示，这是因为德清本身就注重道德的建设，事迹、资料的收集也相对容易。“德清拥有道德建设的土壤”——最直接的例子是，现在道德馆的解说员等工作，都是由义工来做的。

（2009年10月23日《杭州日报》/驻湖州记者范琛）

德清道德馆开幕 道德模范昨日成明星

一家意在展示身边“小人物”道德风采的“道德馆”昨日在浙江德清揭牌。

开馆当天，受邀而来的道德模范成了参观者追捧的“明星”。12岁的吴梦鎏在现场收集了10多位道德模范的签名，她告诉记者，在“道德馆”的展品中，自己最难忘的是一辆装满煤球的平板车。这辆车的主人叫陆松芳，以拉煤为生，生活清苦。汶川地震发生的第三天，老人向灾区捐出了11000元。事实上，赚这笔钱，老人要拉两年多的煤。“这些签名非常有纪念意义，他们是我学习的榜样。”吴梦鋆说。

“引寿5000，荣仙8000，双毛29000……”一张写满名字和数字的香烟壳，则让小学生刘璐瑶对“诚信”二字有了具象的认识——这是德清县一位农妇蒋引娣用来记债的，她之前做小生意失败，欠下24万元，后来靠养猪赚钱，用了10年还清债务——“我要向她学习讲信用。”

据介绍，“人有德行，如水至清”，德清县名蕴含道德含义。事实上，来自民间的道德力量也非常深厚，近年来，22个普通老百姓自己拿钱设立了“草根奖”奖励老百姓，全县涌现出各类公民道德先进典型5000多人，其中两人先后获全国道德模范提名奖。

当地宣传部门负责人告诉记者，公民道德教育馆就像当地的“精神档案”，展馆一改一般展馆的封闭性，而是充分利用了房子的前后走廊，并在周围安装了落地玻璃，使“道德馆”一天24小时向观众展示。

（2009年10月22日《钱江晚报》）

德清建起全国第一个公民道德馆

本报讯 昨天，德清县公民道德教育馆开馆。这是国内第一个展示身边“小人物”事迹的“道德馆”，通过文字、图片、影像、实物资料等形式，展示本地敬业之道、爱家之德、立人之品、乐善之行等方面的典型及道德建设成果。

人有德行，如水至清。在德清，来自民间的道德力量非常深厚。近年来，22个民间“草根奖”相继设立，全县涌现公民道德先进典型5000余名，尤其是去年和今年，钱素春、陆松芳两位普通市民先后获得全国道德模范提名奖，成为人们美谈。为深入宣传道德先进典型，进一步教育感染民众，德清县于今年初开始筹建这座“道德馆”。

（2009年10月22日《湖州日报》/记者叶福明 王力中）

身边的榜样进馆藏

浙江省德清县以身边道德模范感染教育身边公民。10月21日上午，以身边榜样教育型为特色的德清县公民道德教育馆建成开放。

湖州市委常委、宣传部长胡菁菁和德清县委书记王勤为公民道德教育馆揭牌。王勤在开馆仪式上说，在信心比黄金更重要的特殊时期，德清县委、县政府建造这所公民道德教育馆，旨在展示当代德清人自己的道德风采。

德清县自古以来崇尚仁义道德，留下了许多脍炙人口的道德佳话和善行故事。钱素春、陆松芳两位普通市民去年来先后获全国道德模范提名奖，一个县连续频获国家级道德大奖，全国罕见。该县近年来涌现的22个民间“草根奖”、文明五星等活动，使“文明道德之花”深入民间、开遍城乡，全县至今已培育和树立起各类先进典型5000余人，成为全国精神文明建设的一大亮点，去年被中央文明委评为全国文明县城。

为让道德典型效应最大化、常态化，教育感染全县人民，今年初，德清县开始筹建全国第一个展示道德人物的公民道德教育馆（简称道德馆）。展馆的筹建得到了社会各界人士的大力支持，从办馆创意到馆址选择，从征集先进典型到写陈列大纲，从展区设定到图片挑选，得到了群众的积极配合。

占地400平方米的“道德馆”位于武康镇余英坊，设有敬业之道、爱家之德、立人之品、乐善之行和道德建设五个展区，首期入馆有20多位当地有名有姓的道德典型，通过文字、图片、影像、实物资料等形式展示。展馆着重介绍了赵来法、许勋等人的敬业奉献精神，封丽娟、黄国强等人的爱家重孝行为，以及陆松芳的倾囊捐赠、蒋引娣的守信还债、钱素春的舍命救人和马福建的敬老、钱立玲的拥军、民间设奖人的善举……都是当地看得见摸得着的人物和事件。馆内还展示了“千百读书”、“欢乐德清”、“游子文化”、“文明五心”等德清特色的公民道德建设成果。

道德馆还设有观众宣誓、留言等互动内容，可开展教育实践活动。通过大屏幕可举行入队、入团、入党等仪式，进行道德宣誓等活动，还可通过ppt课件演绎，在互动区举办队课、团课、党课等，接受道德的洗礼。为使闭馆期间也能让周围的群众了解展馆内容，展馆一改常规的封闭性式样，利用房子的前后走廊，部分墙体换成了落地玻璃，一天24小时都能向观众展示。

新落成的“道德馆”俨然成了青少年爱国主义教育基地和市民参观学习道德典型的阵地，当天道德馆迎来了首批青少年参观者。一个个学生追着前来出席开馆仪式的“道德明星”签字，来自英溪小学的余筱安同学对照着图片上和身边的道德模范，红红的纪念本上已签满了叔叔阿姨的名字和鼓励的话语，他说要以身边的模范为榜样，从小做一个高尚的人，做一个有道德的人。

德清县委宣传部有关人士告诉笔者，榜样的力量来自群众，以普通百姓为主角立馆明志，引领道德传承，意义深远。道德馆从道德先锋、道德实践、道德启迪等多方面展示了德清县公民道德建设所取得的成果，由于人在身边、事在当代，可学性强，今后将进一步发展，谁成了榜样谁就可以进馆藏，把这里打造成人人敬仰的道德高地、培养和提升市民精神文明的又一个教育平台。

（2009年10月22日人民网/李剑民）

中国第一个道德馆在浙江德清开馆

今日，中国第一个展示道德人物的公民道德教育馆在浙江省湖州市德清县开馆。德清县委书记王勤在开馆仪式上表示，建造这所公民道德教育馆，不仅在于展示当代德清人自己的道德风采，更希望以道德模范感染教育身边公民，让“文明道德之花”开遍德清大地。

中国向来注重道德教化，从古至今，道德力量始终是国家发展、社会和谐、人民幸福的重要保证。在德清的道德教育馆内，记者看到朴实的老百姓成为了“道德”建设的主体。整个展馆设有敬业之道、爱家之德、立人之品、乐善之行和道德建设五个展区，共有20多名典型人物，全都是德清的普通百姓。赵来法、许勋等人的敬业奉献精神，封丽娟、黄国强等人的爱家重孝行为，以及陆松芳的倾囊捐赠、蒋引娣的守信还债、钱素春的舍命救人和马福建的敬老、钱立玲的拥军……一个个鲜活的例子，让前来参观者深受感染。

德清县委宣传部长张林华告诉记者，近年来，他们一直关注身边的“平民道德模范”，用来自基层的普通群众的好人好事，引领和推动公民自觉投身道德建设实践和创业创新的实践中。社会主义核心价值体系建设，关键在基层，而民间自发产生的道德新风尚，则成了基层精神文明建设中的新风景，起到了政府部门不可能全部覆盖的补充作用。

“家庭和谐，社会才能和谐。” 全国首个民间“孝敬父母奖”的设奖人、浙江省德清县农民马福建告诉记者，他看到社会上有的儿女对父母不仁不义，看在眼里，急在心里。1997年他在自己居住的武康镇太平村设立了“敬父母奖”。起初人们以为这种奖不过是装装样子，谁知通过对候选人的反复评议，无形之中把评议会变成了“道德课堂”。“榜样的力量是无穷的。评奖评到第三届，在太平村已经没办法评下去了，因为整个村都形成了敬老爱老，家庭和睦的新风尚。”他告诉记者，现在这个奖项的对象已经扩大到全国范围内。据悉，马福建在以这种独特方式鼓励别人爱老敬老的同时，自己也亲力亲为。设立孝敬奖第二年，他把自家一幢3层楼房腾出来创办了老年乐园，吸收村里老年人养老。

在德清，像马福建这样的平凡人物的民间道德力量如雨后春笋般生长，善良的人们得到广泛的认同和褒奖，不道德的行为时时处处遭受谴责和鄙视，蕴藏在德清百姓内心的道德力量，通过榜样们的力量放大为强烈的主流社会心理。

今天在道德馆内，记者也看到了非常感人的一幕，一大群小学生围着倾囊赈灾、情义感动中国的陆松芳老人索要签名。今年已79岁的陆松芳老人，收入微薄，生活艰辛，每天靠拉煤为生，拉一百斤的煤只能赚到两块钱，而在去年四川发生大地震的时候，将拉了两年煤积攒的11000万捐给了灾区人民。“他在我们心目中就是明星。”一位姓叶的小同学告诉记者，在德清这些道德模范就是他们学习的榜样，要做一个有道德的人。

据悉，德清自古以来崇尚仁义道德，留下了许多脍炙人口的道德佳话和善行故事。去年和今年，钱素春、陆松芳两位德清县普通市民先后获全国道德模范提名奖，全县民间也已涌现公民道德先进典型5000余名，为全国罕见。

（2009年10月21日中国新闻网/记者柴燕菲）

浙江德清以竹明志 桩桩凡人善举点亮公民道德

中新网湖州10月28日电　浙江湖州市德清县的钱素春是一名普通老百姓，然而，她却因为36年里共救起了21个落水者的事迹成为了该县公民道德教育馆内的一个典型人物，引领每个德清人崇尚道德。

在新近举行的开馆仪式上，钱素春向全社会发起了号召："我深信，只有有道德的公民才能向自己的祖国致以可被接受的敬礼。让我们行动起来，用自己的实际行动向祖国承诺，做一个有道德的人！"

人有德行，如水至清，是浙江德清人的真实写照。德清是著名的竹子之乡，在公民道德教育馆内，布置了多处竹子，这寓意了“高风亮节”的品格。在德清，像钱素春一样的人物如雨后春笋般层出不穷，他们以竹明志，自觉践行着公民道德。

道德馆首开中国先河 道德之风薪火相传

在德清，有中国第一个展示道德人物典型事迹的公民道德教育馆。400平方米的展区，用文字、图片、影像、实物资料等形式彰显了道德的力量。

“自古以来，德清就广为流传着许多脍炙人口的道德佳话和善行故事。如今，面对许许多多的道德先进人物，面对各行各业的道德典型，面对真诚、朴实的群众，建造公民道德教育馆，旨在展示当代德清人自己的道德风采。”德清县委宣传部长张林华表示。

张林华同时说，德清人以一种积极的尚德姿态，全民动员合力打造了这座永久性的公民道德教育馆，道德馆也将引领、召唤更多的德清人来此尚德。道德馆的落成既是对过往德清人民道德风尚的展示，更是德清人民未来弘扬道德传统的起点。

记者看到，整个展馆设有敬业之道、爱家之德、立人之品、乐善之行和道德建设五个展区，入馆共有20多名典型人物，将德清人的道德善行和道德传统全部浓缩其中。展馆着重介绍了赵来法、许勋等人的敬业奉献精神，封丽娟、黄国强等人的爱家重孝行为，以及陆松芳的倾囊捐赠、蒋引娣的守信还债、钱素春的舍命救人和马福建的敬老、钱立玲的拥军……一桩桩凡人善举赋予了“人有德行，如水至清”更深的内涵。

在这20多名典型人物中不乏“全国道德模范提名奖”的所有者。07年和09年，钱素春、陆松芳两位德清县普通市民先后获得该奖项。一个43万人口的小县，连续两届入选全国道德模范评选行列，这是绝无仅有的。

道德馆开幕当天，就有一大群小学生围着倾囊赈灾，同时入选“浙江骄傲”、“感动中国”的陆松芳索要签名。今年已79岁的陆松芳老人，每天靠拉煤为生，拉一百斤的煤只能赚到两块钱，而在去年的汶川大地震中，他却将拉了两年煤积攒下来的11000万全部捐给了灾区人民。“他在我们心目中就是明星。”一位姓叶的小同学告诉记者，在德清这些道德模范就是他们学习的榜样，要做一个有道德的人。

“点燃一盏灯，照亮一大片。”张林华表示，公民道德教育馆的建成与开馆，就是在社会上竖起一个标杆、一面旗帜，就是在群众中提倡一种导向、一种追求，这既是一个普及基本道德规范的过程，也是一个弘扬真善美的过程，更是一个推动社会主义核心价值体系建设的过程。

老百姓自掏腰包 草根设奖蔚然成风

德清民风纯朴，在众多道德先锋的引领下，德清的民间道德力量无限延伸。“百姓设奖奖百姓”在今天的德清已经算不上新鲜事。为了弘扬正气、树立道德文明新风，当地一群普通的热心百姓自掏腰包设立了各种民间奖项，用以表彰践行良好社会风气的推动者。

1997年，一位德清人在武康镇太平村建起了中国首个民间“孝敬父母奖”，他就是当地的农民马福建。提起设奖的初衷，马福建很是感叹：“这社会上，有些儿女对父母不仁不义，我是看在眼里，急在心里。”

起初人们以为这种奖不过是装装样子，谁知因为马福建的满腔热情，“孝敬父母奖”的评议会慢慢演变成了“道德课堂”。在榜样力量的号召下，这个奖评到第三届，就再也没办法继续下去了，因为整个村都形成了敬老爱老、家庭和睦的新风尚。“现在，这个奖已经走出太平村，奖项的对象也已扩大到全国范围。”马福建表示。

据悉，马福建在鼓励别人爱老敬老的同时，自己也亲力亲为。设立孝敬奖的第二年，他就把自家一幢3层楼房腾出来创办了老年乐园，吸收村里老年人养老。对于贫困人员只是收取每月430元的水电食宿费。如今，老年乐园已经入住130多位平均年龄84岁以上的老人。对此，老人们都十分感激马福建，说“阿建待我们比待自己亲娘还要好”。

马福建的德行带动起了一股“百姓设奖奖百姓”的社会新风。随后，又有21位后来者传承这一优良传统。2001年，四处宣传环保的74岁老人朱天荣，用积攒下来的1万元钱设立了“天荣环保奖”；

2002年，退伍回乡创业的青年刘志国，为鼓励德清籍的现役官兵在部队多立功，设立了“志国拥军奖”；不仅是当地居民，就连外地来创业的东阳人斯正良也加入到这支弘扬正气的队伍中来，2003年设立了“正良外来人员风尚奖”……

这22个草根奖覆盖了孝敬父母、环境保护、交通安全、见义勇为、励志助学等多个方面，设奖人来自普通农民、工人、私营业主、机关干部。目前，民间设奖人已经有了统一的章程，成立了民间设奖协会。

这些“色彩纷呈”的民间奖项，在“钱少、面广、人多”的颁奖原则下，一盒铅笔、一口铝锅，甚至是一篮当地特产酱羊肉都可以成为奖品。奖额虽小，却在社会上引起了巨大反响，新人新事新风尚层出不穷。“小人物”宣扬“凡人善举”的文明奖励形式，成为了精神文明建设的“德清现象”。

10年来，在草根奖新风的带动下，德清从基层群众中挖掘、培育、树立各类先进典型4000余人，他们已经成为了传播文明新风的先锋模范。德清的外来人员犯罪率也相应降至浙江省最低地区之一，而百姓“安全感满意率”又位列浙江省前茅。

“德清一直关注身边的‘平民道德模范’，希望用来自基层的普通群众的好人好事，来引领和推动公民自觉投身道德建设实践和创业创新的实践中。社会主义核心价值体系建设，关键在基层，而民间自发产生的道德新风尚，则成了基层精神文明建设中的新风景，起到了政府部门不可能全部覆盖的补充作用。”德清县委宣传部长张林华表示。

政府领跑公民道德 带来淳朴民风

2008年，德清被评为全国文明县城和浙江省示范文明县城，良好纯朴的民风离不开德清政府的领跑。“文明创建”、“千百读书”、“欢乐德清”、“游子文化节”等活动让德清这座浙北小城更加美丽而温馨。

目前，德清已经成功举办两届游子文化节，以爱心以孝道引领社会风气。文化节同时吸引了当代著名诗人余光中的共襄盛举，与小学生共唱《游子吟》。小学生用清脆的童声念起唐代诗人孟郊的《游子吟》，“谁言寸草心，报得三春晖”；余光中则念起了有

《游子吟》之称的诗作《乡愁》，“小时候，乡愁是一枚小小的邮票……”这一联袂合演深深打动了德清人，他们的实际行动为孟郊故里增添了新的内涵。

除了以节会弘扬道德，德清更是将尚德教育“潜移默化”到日常生活中。据介绍，德清早在上个世纪就开始实施“千百读书”工程，引导农民“读书明礼”、“读书致富”。该工程被形象地称为“一所没有围墙的学校”。目前，这一工程已经先后孕育出“十佳和谐家园守护人”、“十佳文明新风倡导人”、“十佳群众文化热心人”等道德先锋人物。

此外，在德清还盛行着“文明五心”，也就是热心好长者、孝心好儿女、贴心好婆媳、知心好邻里、爱心好市民评选活动。政府鼓励群众及时发现、推选身边榜样，并举行隆重的颁奖典礼，滚动播出视频，使文明之风吹遍德清大地。

“长期以来，德清县委、县政府都把公民道德建设当作精神文明的一项重要的内容来抓，与社会上不断涌现的公民道德典型相互促进，逐渐形成了德清的一大特色。”德清县委宣传部长张林华说。

深厚的文化底蕴是德清公民道德节节高升的渊源所在。德清地处杭嘉湖平原，历史悠久，人文荟萃，素有“竹茶之地、文化之邦”之美誉，有着五千年文明史的良渚文化和古代防风文化在这里留下的印迹和传说，并且出现了沈约、孟郊、管道升、俞平伯等一大批历史文化名人。

“公民道德建设，倡导社会的良好风尚，这是一项长期的工作。特别是随着经济的飞速发展，社会风气、公民道德能否同步提升，这实际上是一个很重大的课题。德清也是希望通过宣传、倡导、弘扬道德模范，从而影响周边的人。”张林华谈起下一步的打算，在全社会营造一个良好的社会风气，主题就是“做一个有道德的人”。

张林华表示，毛主席说过，一个人做点好事不难，难的是一辈子做好事。我们将借助继续倡导公民道德奖，发挥道德馆的作用，培育先进人物，在青少年当中组织一系列活动来掀起这股浪潮。

如今，崇文重教的传统，纯朴致雅的民风，正在德清得到很好的传承，成为现今德清百姓的自觉意识。

(2009年10月28日中国新闻网/记者柴燕菲 见习记者赵晔娇)

榜样的回归

驻足德清的道德馆内，油然而生的是内心的感慨。

在市场经济推动百姓富裕的同时，也弱化了道德的传承。但这并不等于远离了道德。在民间，人们依然崇尚道德。德清民众自发设立的“草根奖”代表的其实是民意的主流。当地党政部门顺应并提升了民意，为“草根奖”的设立和评选推波助澜，造就的是一个区域的民风纯正，反过来又减轻了区域执政者的工作压力。

“草根奖”还体现了榜样的回归。中国曾经的榜样，几乎都是百姓公认的楷模，因此才有“榜样的力量是无穷的”一说。但不知从何时开始，榜样开始走样，各类先进模范的评选过程变得不那么阳光，乃至于出现了“名师”不上课，“名医”不就诊，“劳动模范”不劳动这类并非个别的现象。这样的“榜样”，怎么可能产生“无穷的力量”？眼下德清出现的道德馆，展示的“草根奖”得主虽然平凡，却是百姓心目中的真正楷模。78岁的陆松芳只一句话就足以让人学习一辈子：“我手头有两碗饭，自己吃一碗足够，把另一碗让给饿人吃，我心安理得。”这样的话语，这样的榜样，必然产生无穷的力量。

(2009年10月22日《文汇报》/记者万润龙)

德清建起全国首个道德馆

湖州在线讯　昨天上午，刚被授予“全国道德模范提名奖”的德清拉煤老人陆松芳，与他相伴几十年的卖煤车一道出现在当天开馆的“德清县公民道德教育馆”。一时间，陆松芳和德清22个民间设奖人，像明星一样受到参观人员的瞩目。

筹建全国首个“道德馆”

德清县自古以来崇尚仁义道德，留下了许多脍炙人口的道德佳话和善行故事。去年和今年，钱素春、陆松芳两位德清县普通市民先后获全国道德模范提名奖，22个民间“草根奖”正常运行，“文明道德之花”开遍德清大街小巷，全县民间已涌现公民道德先进分子5000余名，为全省乃至全国所罕见。

为深入宣传道德模范们的典型事迹，进一步教育和感染德清人民，今年初，德清县开始筹建全国第一个展示道德人物的公民道德教育馆。“道德馆”位于德清县城余英坊，占地面积400平方米，展馆的建设，从创意提出到建成，用时7个多月，通过文字、图片、影像、实物资料等形式进行展示。整个展馆设有敬业之道、爱家之德、立人之品、乐善之行和道德建设五个展区，入馆共有20多名典型人物，将德清人的道德善行和道德传统全部浓缩在展馆中。

赋予“道德”更深内涵

展馆着重介绍了赵来法、许勋等人的敬业奉献精神；封丽娟、黄国强等人的爱家重孝行为；以及陆松芳的倾囊捐赠、蒋引娣的守信还债、钱素春的舍命救人和马福建的尊老敬老、民间设奖人的深明大义……他们的善举，彰显了道德的力量，赋予“人有德行，如水至清”更深的内涵。馆内还展示了“千百读书”、“欢乐德清”、“游子文化”、“文明五心”等德清特色的公民道德建设成果。“道德馆”还设有观众宣誓、留言等互动内容，可开展教育实践活动。

开馆当天，还聘请了“道德模范”钱素春、马福建、许孙芳等为“道德实践辅导员”，引领年轻一代将德清的道德传统发扬光大。

昨天迎来首批参观者

昨天的开馆仪式后，“道德馆”迎来首批青少年参观者。小朋友们饶有兴致地参观了德清道德模范的典型事迹，并把道德模范当作明星请他们签名。参观者们一边观看道德模范的典型事例，一边聆听道德模范的教诲，深受感染。大家纷纷表示，要以身边的模范为榜样，做一个有道德的高尚的人。

德清县委宣传部有关领导认为，榜样的力量来自群众，以普通百姓为主角，更有利于教育的效果，意义也更加深远。德清“道德馆”从道德先锋、道德实践、道德启迪等多方面展示了德清县公民道德建设所取得的成果，将成为广大群众参观学习道德先进典型的主要阵地，对促进人与人之间了解和沟通，推动市民建立良好的道德理念起到积极作用。

据悉，“道德馆”开放时间为每天（除周一）的上午8时至11时30分，下午1时30分至5时。展馆布置在一楼，大部分墙体被换成了落地玻璃，人们站在室外也能把展馆看个大概。

（2009年10月22日湖州在线）

德清公民道德教育馆昨日开馆

德网讯　以道德模范感染教育身边公民。10月21日上午，德清县公民道德教育馆开馆，这是全国第一个展示道德典型人物事迹的公民道德教育馆。市委常委、宣传部长胡菁菁和县委书记王勤为公民道德教育馆揭牌。开馆仪式由县委常委、宣传部长张林华主持，县领导杨文华、潘月山、王法弟出席。

胡菁菁希望，我县能够进一步发现和宣传当地干部群众的道德模范，发现和宣传身边的好人好事，不断丰富公民道德教育馆的馆藏内容、创新展示方式，不断用榜样的力量引领人们的思想行动、激发人们的精神追求，为提高我市精神文明建设水平，促进我市经济社会又好又快发展作出新的贡献。

王勤在致辞中代表县委、县人大、县政府、县政协对公民道德教育馆的开馆表示热烈的祝贺！对长期以来关心和支持我县精神文明建设的各位领导和朋友们表示衷心地感谢！

王勤说，德清民风纯朴，“人有德行，如水至清”，是德清先人的真实写照，更是当代德清人的传承发展。近年来，我县广泛开展一系列精神文明创建活动，不仅丰富了人民群众的精神生活，而且提高了全县人民的整体素质，更是涌现了许多让人心灵为之震动的模范人物和先进事迹。自1997年马福建设立“孝敬父母奖”以来，全县共有民间“草根奖”22个，覆盖了孝敬父母、环境保护、交通安全、见义勇为、励志助学等多个方面，掀起了“百姓设奖奖百姓”的道德新风。我县的钱素春和陆松芳分别在2007年和2009年获得了全国道德模范提名奖。一个人口43万的小县，连续两届入选全国道德模范评选行列，这在全国也是绝无仅有的。

王勤指出，县委、县政府建造公民道德教育馆，就是希望通过这个平台进一步展示当代德清人的道德风采，引导和激励广大市民以模范为榜样，进一步弘扬德清优秀的道德传统，使德清这座文明的城市和43万淳朴的人民在传承和发扬中，续写文明道德建设新篇章，切实为加快“富裕德清、和谐德清”建设提供强有力的精神支撑。

据介绍，德清县公民道德教育馆设有敬业之道、爱家之德、立人之品、乐善之行和道德建设五个展区，入馆共有20多名典型人物，将德清人的道德善行和道德传统，全部浓缩在展馆之中。展馆着重介绍了赵来法、许勋等人的敬业奉献精神，封丽娟、黄国强等人的爱家重孝行为，以及陆松芳的倾囊捐赠、蒋引娣的守信还债、钱素春的舍命救人和民间设奖人的善举——他们的善举，彰显了道德的力量，赋予“人有德行，如水至清”更深的内涵。

馆内还展示了“千百读书”、“欢乐德清”、“游子文化”、“文明五心”等德清特色的公民道德建设成果。并设有观众宣誓、留言互动等内容，可开展教育实践活动。在那里，可以通过大屏幕举行入队、入团、入党等仪式，进行道德宣誓等活动，也可以通过ppt课件演绎，在互动区举办队课、团课、党课等，接受道德的洗礼。

据悉，为了使闭馆期间也能让周围的群众了解展馆的大致内容，展馆布置在一楼，并一改常规展馆的封闭性，充分利用了房子的前后走廊，把部分墙体换成了落地玻璃，使道德馆几乎一天24小时能向观众展示。

开馆仪式结束后，道德馆内迎来了首批青少年参观者。他们饶有兴致地参观了德清道德模范的典型事迹，并与道德模范代表进行亲切交谈。参观者们边观看道德模范的典型事迹，边亲身聆听道德模范的教诲，深受感染。武康英溪小学四年级学生汪天韵表示，要以身边的模范为榜样，做一个高尚的人，做一个有道德的人。

（2009年10月22日德清新闻网/记者张哲萍 实习生罗垚）

榜样的力量来自群众 德清建起全国首家公民道德馆

10月21日,浙江省德清县公民道德教育馆开馆,通过文字、图片、影像、实物资料等形式,展示本地区敬业之道、爱家之德、立人之品、乐善之行等方面的典型及道德建设成果,以褒扬当代德清人的道德风采。据湖州市委宣传部有关负责人介绍,这是国内第一个 为身边“小人物”建起的“道德馆”。

人有德行,如水至清。作为“孟郊故里”的德清，民间自古崇尚仁义道德,留下了许多脍炙人口的道德佳话和善行故事。近年来,文明道德之花开遍德清大地,22个民间“草根奖”朴素而崇高,全县民间已经涌现公民道德先进典型5000余名,尤其是去年和今年,钱素春、陆松芳两位普通市民先后获得全国道德模范提名奖,成为人们的美谈。县委、县政府顺应民意,为深入宣传道德先进典型,年初开始筹建这座“道德馆”。

开馆当天,人们闻讯赶来,饶有兴致地参观各类展品,谈论着一个个他们熟悉的人物。人群中还来了一批特殊的观众,他们是“道德馆”当天特意请来的“德清明星”,有倾囊赈灾的陆松芳,有见义勇为的钱素春,有“老孝子”马福建,有痴心环保的朱天荣等等。他们的到来,当即被正在参观的一群孩子团团围住,争着签名。“这些签名非常有纪念意义,他们是我学习的榜样。”12岁的吴梦鋆小朋友在现场收集了10多位道德模范的签名。

据悉,“道德馆”设有5个展区,入馆共有20多名典型人物,将德清人的道德善行和道德传统,全部浓缩在展馆之中,还展示了“千百读书”、“欢乐德清”、“游子文化”、“文明五心”等德清特色的公民道德建设成果。馆内设有观众宣誓、留言等互动内容,可开展教育实践活动。该县一宣传干部告诉记者:“榜样的力量来自群众,以普通百姓为主角立馆明志,引领道德传承,意义深远。”

(2009年11月9日《光明日报》)

从“差道德”看道德馆

正是“不差钱，差道德”一语流行开来，大有登上“2009年流行语录排行榜”榜首之时，浙江省德清县建起了自己的“道德馆”——展示当地“小人物”道德风采的道德教育基地。

“不差钱，差道德”一语大为流行，始作俑者是上了春晚的小品《不差钱》。表演中，赵本山口口声声扬言“不差钱”，小沈阳则全然被小恩小惠收买。师徒一唱一和，狼狈为“假”，真让观众捧腹大笑了，也真把小沈阳捧红甚至是红得发紫了，可偏偏忽视了演出的社会效益。这是对“道德血液”的无视，尽管当下就有人听出了“不差钱”的弦外之音是“差道德”，但央视还是把小品一等奖让赵本山捧走了。观众乐了，爱徒红了，大奖拿走了，却惟独伤了道德。再看时至今日，商德、医德、师德之普遍缺失，已到了不顾礼仪廉耻、不惜图财害命的程度，“不差钱，差道德”真可谓一语中的，直指时弊。

“人有德行，如水至清”。德清之所以建“道德馆”，一则出于其县名蕴含道德之意，二则缘于其民间道德力量雄厚。该县近年来已有22个普通百姓自己拿钱设立了“草根奖”奖励老百姓，全县涌现出各类公民道德先进典型5000多人，其中两人获得全国道德模范提名奖。这不能不说是道德的力量，也不能不承认是崇尚道德的结果。

我国自古崇尚道德，我省作为黄河文明的重要发源地，民风淳朴，道之深德之高更是源远流长。如同德清，我们的孝义、怀仁、保德、介休、永和等县名，也各有各的深意、各有各的美传。当然，不一定非要围绕县名做事。要紧的，是我们也应采取行动，从改变“不差钱，差道德”出发，从当地“树形象、好发展”考虑，从民族“利当代、图千秋”计议，像德清那样重视道德的倡导与重建，并找到诸如“道德馆”这样的好载体，为我所用，付诸实践。

（2009年11月12日《山西日报》/徐补生）

人有德行 如水至清

本报德清12月6日电 “你们看，平板车的轮胎都快磨平了，陆松芳老人真是不简单。”12月5日下午，在德清公民道德教育馆，观众们围着一辆特殊的煤饼车七嘴八舌地议论着。

煤饼车的主人陆松芳，今年79岁，是德清县新市镇一位普通的拉煤老农，家境贫寒。他以拉车送煤饼为生，却在汶川特大地震后，毅然捐出了11000元。这些钱，他需要两年时间拉完50万斤煤饼才能赚到。为表彰陆松芳的善举，国家有关部门授予他“全国道德模范提名奖”。

10月21日，德清公民道德教育馆开馆，包括陆松芳在内的22位德清道德先进典型入馆。展馆介绍了赵来法、许勋等人的敬业奉献精神，封丽娟、黄国强等人的爱家重孝行为，有陆松芳的倾囊捐赠、蒋引娣的守信还债、钱素春的舍命救人、马福建的敬老、钱立玲的拥军……“人有德行，如水至清”，德清的一桩桩凡人善举赋予了这个县名更深的内涵。

德清县雷甸镇人方海飞指着沈联的画像对朋友说：“这是湖州市孝心好儿女沈联，就是我们雷甸人。”方海飞在道德馆边开保健品商店，每次有朋友来，她都会带他们到道德馆转转。方海飞说，沈联是雷甸镇的普通农妇，出嫁后把老母亲接到身边，精心照料37年，在家乡传为佳话。方海飞说：“这些身边的榜样，都是好样的。向榜样学习，我们开店的也应该诚实守信，不能坑害顾客。”

观众参观后纷纷留言，馆内的“道德树”上挂满了写着道德感言的纸片，其中一张写道：我要学习榜样，做一名有道德的人。据工作人员介绍，像这样的留言还有很多，“道德树”挂不下，他们已经把很多感言纸片收藏起来。除了“道德树”，观众们还把感想写在留言本上。

“随风潜入夜，润物细无声。”县道德馆开馆一个多月来，这些身边的榜样富有极大的吸引力，来观摩的干部、群众达上万人次。这些来自基层、来自平民身边的人和事可亲可敬、可信可学，让广大市民由感动、钦佩到纷纷效仿，自觉投身到公民道德建设的实践中，形成了由点到面、由少到多、由个体到群体的“滚雪球”效应。德清武康农民马福建拿出万元在家乡设立了“孝敬父母奖”，带动起“百姓设奖奖百姓”的社会新风。道德馆开馆后，今年又设立了3个奖项，分别是陈亚萍的春苗奖、童晓晔的爱心奖、陆松芳的助人为乐奖。人口只有40多万的德清县，先后有22个民间奖项涌现。目前，民间设奖人已经有了统一的章程，成立了民间设奖协会。

目前，德清县道德馆的影响力辐射到全社会，文明之风劲吹德清大地。道德馆成为青少年教育基地，武康英溪小学、县实验学校等校学生来这里举行道德宣誓仪式。德清的外来人员犯罪率降至历史最低，百姓的“安全感满意率”在全省位列前茅。

（2009年12月6日《浙江日报》/记者金毅 秦军）

德清百姓自设22个道德奖

一批平民英雄 阐述新时期“真善美”的真谛

家住德清县武康镇塔山村的蒋引娣，在1996年经营副食品批发部时，欠下了24万多元，家庭陷入困境。

面对巨额债务，蒋引娣没有躲避，而是选择了还债。她把所有债务一笔不落地记在了香烟壳上，向姐姐借了1500元钱，和丈夫回到乡下，开始养猪还债。每当生猪出售，钱还没有在手里攥热，蒋引娣就拿去还债了。

2006年3月，蒋引娣还完最后一笔债，她的眼睛湿润了。她说，做人就要“真”，要对得起自己的良心。

今年79岁的陆松芳，是德清县新市镇的一位普通老农，以送煤饼为生，送100斤煤球只有2元钱的收入。

老人家徒四壁，平时节衣缩食，勤俭持家，很舍不得花钱，一件衣服都能穿上好几年。可就是这么一位在物质上并不富裕的老人，在2008年汶川地震后第三天，毅然捐出了平时积攒的11000元。而这些钱，他即使不吃不喝，也需要两年时间拉完50万斤煤饼才能赚到。

中华民族传统的“善”在老人身上体现得一览无余。

在德清，像蒋引娣、陆松芳这样的平民英雄还有很多很多，代父行孝的黄国强、救人无数的钱素春……

小人物们的大爱和真情感动了社会，也为我们在新时期如何追求“真善美”树立了一个个标杆和榜样。

一座道德馆 树立传承美德的丰碑

今年初，经过多方论证，德清县开始在市区筹建全国第一个展示道德人物的公民道德教育馆。10月21日上午，这个以身边榜样教育典型为特色的德清县公民道德教育馆正式建成开放。

占地400平方米的“道德馆”位于武康镇余英坊，设有敬业之道、爱家之德、立人之品、乐善之行和道德建设五个展区，首期入馆有20多位当地有名有姓的道德典型，通过文字、图片、影像、实物资料等形式展示。

展馆着重介绍了赵来法、许勋等人的敬业奉献精神，以及陆松芳的倾囊捐赠、蒋引娣的守信还债、钱素春的舍命救人和马福建的敬老、钱立玲的拥军、民间设奖人的善举……都是当地看得见摸得着的人物和事件。

馆内还展示了“千百读书”、“欢乐德清”、“游子文化”、“文明五心”等德清特色的公民道德建设成果。

此外，道德馆还设有观众宣誓、留言等互动内容，可开展教育实践活动。通过大屏幕可举行入队、入团、入党等仪式，进行道德宣誓等活动。

为使闭馆期间也能让周围的群众了解展馆内容，展馆一改常规的封闭性式样，利用房子的前后走廊，部分墙体换成了落地玻璃，一天24小时都能向观众展示。

（2009年12月16日《钱江晚报》/竺军伟）

草根道德奖至少两年开一次

德清“道德馆”开馆一月迎宾万人，县政府成立设奖人协会。

一个43万人口的小县城——德清，用一座“道德馆”让人重新开始思考一个问题：在如今这个经济飞速发展的社会，道德价值几何?

从10月29日开馆至今，这座全国首个纪录草根人物事迹的道德馆，已经迎接了一万多人次。

德清人想用这种方式说：钱赚得多，不是最让人羡慕的。

草根道德奖——一篮酱肉就能颁奖

道德馆陈列了20多名道德典范，分为敬业之道、爱家之德、立人之品、乐善之行5个部分。除此之外，还有22个群众自掏腰包设立“草根道德奖”，激励身边人。

50岁的马福建是全国首开“草根道德奖”先河的人。1996年，农民出身的他在自己家乡——德清上柏太平村设立了全国第一个“孝敬父母奖”，用的是辛苦攒下的一万元卖鱼钱。

“孝敬父母奖”每年评选10人，奖励500元钱，马福建挨个给他们戴大红花，送证书，搞得有模有样。4届下来，村里上进的年轻人几乎被评了个遍。

“草根奖”很快走出太平村，延伸到全县，去年还奖到了青川。马福建丝毫没料到，自己的“冲动”之举竟引发这样大的效应。如今，他又把自家房子腾出来办养老院，收容了137名80多岁的高龄、疾患老人。

在马福建的带动下，22个“草根奖”先后设立起来，发起人都是普通百姓。有退休老人设立“环保奖”，退伍军人设立“拥军奖”等等。没人在乎奖金多少，甚至一盒文具、一篮酱肉就能颁奖，得奖人照样笑得合不拢嘴。

道德馆要的是草根力量

“这么多dào dé mó fàn，我要像他们学习，我也要帮助人。”昨天，逛完“道德馆”后，德清实验小学202班的男孩郎天，在“道德树”上一笔一划写下了自己的心愿。

这座“道德教育馆”如今陈列了数十名“草根”道德模范，有拉煤饼车捐款灾区的老人陆松芳；有怀着7个月身孕跳水救人的钱素春、有10年坚持还清24万元债务的蒋引娣……

他们的事迹，都有一个共同特点：坚持。

钱素春9岁就跳水救人，至今救了21个落水者；蒋引娣靠养猪几元几元地还债，每笔债她都一字不差地记在香烟壳上，连债权人好心“免”她还，她都不肯。

79岁的陆松芳在德清以拉煤饼为生，100斤两元钱，四川地震时捐出11000元，入选“感动中国”人物。成名后，当地一家企业聘请他做“名誉员工”，每月啥都不用干，就能拿到几千元，他当场拒绝了。去年他被提名全国道德模范，却不肯去北京领奖。

“我去北京一趟，国家要花多少钱，坐飞机、住宾馆，这钱花得太冤枉了，我不去。”他回绝说。县政府不得不“连哄带骗”，搬出“总书记”，他才去了。

政府：老百姓设奖我们协助

“以往的道德奖、模范奖，是政府评的，与之相比，‘草根道德奖’源自老百姓，更有感染力。”德清县委书记王勤说。

负责“草根奖”管理的德清县委宣传部部长张林华表示，从设立“草根奖”到开设道德馆，政府从来不是主角，“明星”都是民间的道德模范，政府的工作一是引导，二是规范。

“老马设孝敬父母奖，初衷是奖励他村里孝敬父母的年轻人，等整个村的风气变好了，这个奖的对象扩展到全县，这超出了老马的权限范围，需要政府部门成立遴选班子，候选人机制，做好服务性、配合性的工作。”张林华说。

如今，每年都有老百姓自己设立“草根道德奖”，为了规范管理，县政府已成立了设奖人协会，并制定相关章程，规定最少两年开一次奖，大部分一年开一次。这样的话，能够更多地奖励一些人，更多地通过奖励这些人影响带动周边的人。

张林华说：“草根的道德、智慧更能反映、推动社会进步。”

（2009年12月9日《今日早报》/记者陈斯音）

后记

近年来，德清县积极有效地推进公民道德建设，道德文明之花开遍城乡，从创建全国首家“公民道德教育馆”到辐射全县乡村的“和美乡风馆”等诸多“德清现象”，无不让人眼前一亮，遂引起了全国广泛关注，中央文明委充分肯定，人民日报、新华社、中央电视台、人民网等多家主流媒体作了报道。本书分三辑来反映公民道德教育的新“德清现象”。

第一辑“道德力量，感天动地”，记录了德清“民间设奖”第一人马福建、捐肾救夫的“新德清人”封丽娟等做客北京人民网强国论坛，与百万网友进行在线交流的精彩内容；两位全国道德模范提名奖获得者“见义勇为”的钱素春、“拉煤老人”陆松芳的感人事迹；诚信重诺的农妇蒋引娣和“全国爱国拥军模范”钱立玲的动人故事。

第二辑“民间奖项，凡人义举”，讲述“全国十大社会公益之星”马福建、环保老人朱天荣、德清优秀志愿者团队“春百合”奉献社会的好人好事；德清“民间拥军”及“助学重教”现象；德清民间设奖者档案。

第三辑“媒体聚焦：德清现象”，收录了人民日报、文汇报等多家媒体的客观真实报道，有关“德清以竹明志，桩桩凡人善举点亮公民道德”，创办全国首家道德馆的新闻事件及其巨大的社会影响力、辐射力。

公民道德教育之“德清现象”为人们探索道德文化建设路子提供了一种全新案例，这些有血有肉情操高尚的道德楷模的先进事迹，不仅激荡人心，弘扬社会正气，催人奋进，还时刻提醒我们：草根的道德力量无处不在，它是推动社会文明与进步的活水。

道德驿站，当下构建和谐社会一处重要的加油站，一个明净心灵的氧吧。